Claude et Anthropic : aux origines d'une IA éthique et révolutionnaire

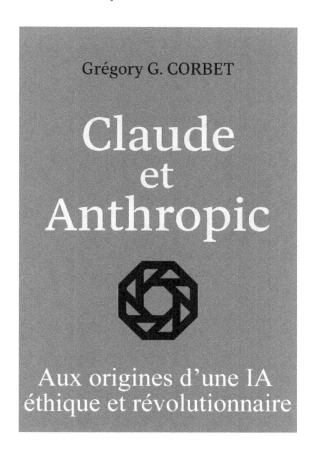

Grégory G. CORBET

Claude et Anthropic

Aux origines d'une IA éthique et révolutionnaire

Table des matières

Grégory G. CORBET

Claude
et
Anthropic

Aux origines d'une IA
éthique et révolutionnaire

Avant-propos

À l'aube d'une nouvelle ère technologique, où l'intelligence artificielle s'immisce dans tous les aspects de notre vie quotidienne, il apparaît indispensable de repenser notre rapport à ces technologies et d'envisager leur développement sous l'angle de la responsabilité et de l'éthique. Ce livre se présente comme une réflexion approfondie sur l'évolution de l'intelligence artificielle, avec un focus particulier sur Claude, le modèle de langage développé par Anthropic, et sur la manière dont ce dernier, ainsi que l'approche de son créateur, redéfinissent notre relation à la technologie.

Les avancées rapides dans le domaine de l'IA ces dernières années ont suscité autant d'enthousiasme que de questionnements. D'un côté, nous assistons à des innovations spectaculaires, capables de transformer les méthodes de travail, d'automatiser des tâches complexes et de générer du contenu de manière quasi-humaine. De l'autre, ces technologies soulèvent des enjeux cruciaux liés à la sécurité, à la transparence, aux biais algorithmiques et à la gouvernance. Anthropic, avec son modèle Claude, se distingue par son engagement à développer une intelligence artificielle non seulement puissante, mais surtout alignée sur des valeurs humaines essentielles telles que la responsabilité, l'équité et la transparence. C'est dans ce contexte que ce livre se propose d'explorer les différentes dimensions de cette révolution technologique.

Ce travail s'adresse aussi bien aux experts du domaine qu'à un public plus large désireux de comprendre comment l'IA transforme nos sociétés et influence nos modes de vie. Nous avons tenté d'allier rigueur scientifique et accessibilité, en présentant à la fois les fondements techniques des modèles de langage modernes et les réflexions éthiques qui les accompagnent. En retraçant l'évolution historique de l'intelligence artificielle – depuis les premières idées de Turing jusqu'aux percées actuelles dans le deep learning – et en analysant les stratégies adoptées par Anthropic pour intégrer des mécanismes de sécurité et de modération dans Claude, ce livre offre une vision complète de l'état actuel de l'IA et des perspectives d'avenir.

L'avant-propos de cet ouvrage se veut également un appel à la réflexion collective. Dans un monde où la technologie évolue à une vitesse vertigineuse, il est essentiel que chercheurs, développeurs, décideurs politiques et citoyens engagent un dialogue ouvert sur les implications de ces innovations. Nous sommes convaincus que l'intelligence artificielle, pour être véritablement bénéfique, doit s'inscrire dans une démarche collaborative, intégrant les retours d'expérience de multiples acteurs et s'adaptant en permanence aux évolutions sociétales.

Au fil des pages, nous aborderons des thèmes variés : les défis techniques liés à l'entraînement des modèles, les stratégies pour minimiser les biais et réduire les risques de désinformation, l'intégration de l'IA dans des environnements professionnels et la transformation des workflows, ainsi que les pistes de réflexion pour anticiper les enjeux futurs en matière de réglementation, de concurrence et de gouvernance. Nous examinerons aussi comment Claude se positionne face aux autres grands modèles de langage et en quoi il pourrait influencer la transition vers une intelligence artificielle plus générale et spécialisée.

Nous espérons que ce livre incitera chacun à s'interroger sur le rôle de la technologie dans notre société et à envisager l'avenir de l'IA sous un prisme à la fois innovant et éthique. Que vous soyez un professionnel du secteur, un chercheur ou simplement un curieux des transformations technologiques, cet ouvrage vous offre les clés pour comprendre les enjeux complexes de l'intelligence artificielle et pour imaginer ensemble un futur où ces technologies servent le bien commun.

Bienvenue dans ce voyage au cœur de l'IA responsable, un domaine en perpétuelle mutation, mais porteur d'un potentiel immense pour transformer positivement notre monde.

Introduction

Nous vivons à une époque où l'intelligence artificielle (IA) ne cesse de repousser les frontières du possible, transformant radicalement nos manières de penser, de travailler et d'interagir. Au cœur de cette révolution technologique se trouve Claude, le grand modèle de langage développé par Anthropic, qui incarne une nouvelle génération d'outils intelligents conçus pour être à la fois performants et responsables. Ce livre se propose d'explorer en profondeur les origines, les avancées et les perspectives futures de Claude et d'Anthropic, tout en mettant en lumière les enjeux éthiques, techniques et sociétaux qui en découlent.

Depuis les premières théories de l'intelligence artificielle formulées par des pionniers comme Alan Turing, jusqu'aux récentes percées dans le domaine des réseaux de neurones et du deep learning, le chemin parcouru par l'IA a été semé d'innovations audacieuses et de défis majeurs. Les premières machines, inspirées par la vision de Turing et de ses contemporains, n'étaient que de simples simulateurs de calcul. Aujourd'hui, grâce à des architectures sophistiquées comme le Transformer, les modèles de langage tels que Claude se distinguent par leur capacité à comprendre, générer et synthétiser le langage humain avec une finesse inédite.

Anthropic se distingue dans cet univers en plaçant la sécurité, l'éthique et l'alignement sur les valeurs humaines au cœur de sa démarche. Alors que de nombreux acteurs se concentrent avant tout sur l'accélération des performances, Anthropic a choisi d'investir dans une recherche qui ne vise pas seulement à repousser les limites techniques, mais aussi à garantir que ces technologies servent le bien commun. L'approche dite « Constitutional AI » en est un exemple frappant : il s'agit d'un ensemble de principes directeurs qui guident le comportement des modèles afin d'éviter la génération de contenus nuisibles, de limiter les biais et de promouvoir la transparence dans l'utilisation de l'IA.

Dans ce livre, nous proposons une exploration détaillée de plusieurs dimensions essentielles qui façonnent l'avenir de l'IA. Nous débuterons par un retour sur l'histoire de l'intelligence artificielle, en retraçant le passage crucial du symbolisme aux réseaux de neurones et en expliquant comment des percées techniques, telles que l'algorithme de rétropropagation et l'architecture Transformer, ont permis de créer des systèmes capables de traiter des quantités massives de données et de générer des réponses d'une précision remarquable. Nous aborderons ensuite le rôle des acteurs majeurs qui ont marqué cette évolution, des pionniers académiques aux grandes entreprises technologiques, et nous mettrons en lumière la naissance d'Anthropic, entreprise fondée par des experts souhaitant repenser l'IA dans une optique de responsabilité et de transparence.

Nous nous intéresserons également à la manière dont Claude s'inscrit dans le paysage des grands modèles de langage. En comparaison avec des systèmes tels que GPT de OpenAI ou BERT de Google, Claude se distingue non seulement par ses performances, mais aussi par son approche spécifique de l'alignement et de la modération, visant à offrir des réponses sûres et équilibrées. Des défis techniques, tels que l'optimisation de l'entraînement, la gestion des biais ou la maintenance du contexte sur de longues conversations, seront analysés en détail pour comprendre les innovations mises en œuvre par Anthropic.

Par ailleurs, l'ouvrage traitera des applications concrètes de Claude dans divers secteurs – service client, rédaction, éducation, santé, droit, finance – et illustrera comment l'IA transforme les workflows des entreprises en automatisant des tâches répétitives, en améliorant l'efficacité et en libérant du temps pour se concentrer sur des activités à forte valeur ajoutée. Nous verrons également comment l'intégration de Claude via des API et des collaborations avec d'autres outils technologiques favorise une adoption progressive et fluide dans des environnements variés.

Le livre s'attardera enfin sur des réflexions prospectives sur l'avenir de l'IA responsable. Dans un monde en constante évolution, l'anticipation des nouveaux enjeux – réglementaires, concurrentiels, éthiques et de gouvernance – apparaît comme un impératif pour garantir que les technologies d'intelligence artificielle soient déployées de manière sécurisée et bénéfique pour la société. Des débats sur la gouvernance partagée, la transparence algorithmique et l'implication de la communauté scientifique et du grand public illustreront l'importance d'un dialogue ouvert et participatif dans la construction d'un cadre global pour l'IA.

Ainsi, ce livre se veut à la fois une plongée dans l'histoire et la technique, et une réflexion sur l'impact sociétal de l'intelligence artificielle. Il invite le lecteur à comprendre comment des innovations telles que Claude transforment non seulement les technologies que nous utilisons, mais aussi notre manière de concevoir le monde, en posant les bases d'un avenir où l'IA se met au service de l'humain de manière transparente, éthique et responsable.

Chapitre 1 : Genèse de la recherche en IA

Contexte historique : les premiers programmes d'intelligence artificielle et les grandes étapes de la recherche.

1. Les prémices de la réflexion sur l'intelligence artificielle

1.1. Les bases conceptuelles : la machine de Turing et la question de la pensée mécanique

- **Alan Turing (1912-1954)**, mathématicien britannique, est considéré comme l'un des pères fondateurs de l'informatique et de l'IA.

- Ses travaux sur la «□machine de Turing□» (1936) établissent les principes fondamentaux du calcul automatisé, en montrant qu'une machine universelle pouvait, en théorie, exécuter n'importe quel calcul algorithmique.

- En 1950, Turing publie l'article «□Computing Machinery and Intelligence□», dans lequel il pose la célèbre question «□Les machines peuvent-elles penser□?□» et propose un protocole pour évaluer l'intelligence d'une machine□: le **Test de Turing**.

  o L'idée est de soumettre un interrogateur à une discussion écrite simultanée avec deux entités (une humaine, une machine) sans qu'il sache qui est qui. Si l'interrogateur ne parvient pas à distinguer la machine de l'humain, on considère que la machine a passé le test.

- Bien que la question de Turing reste controversée et débattue, elle a marqué un tournant conceptuel en faisant émerger la notion qu'un programme informatique puisse imiter (voire reproduire) certains aspects de la pensée humaine.

1.2. Les premières réflexions cybernétiques

- Dans les années 1940 et 1950, la **cybernétique** (Norbert Wiener, John von Neumann, Warren McCulloch, etc.) étudie les boucles de rétroaction et la régulation des machines, s'inspirant souvent du fonctionnement du cerveau.

- Ces recherches interdisciplinaires (biologie, mathématiques, ingénierie) jettent les bases de la **théorie du contrôle** et de l'**automatisation**, ouvrant la voie à des systèmes capables d'ajuster leur comportement.

2. La naissance officielle de l'IA : la conférence de Dartmouth (1956)

2.1. Le projet de recherche fondateur

- **John McCarthy**, **Marvin Minsky**, **Claude Shannon** et **Nathan Rochester** organisent en 1956 à Dartmouth, aux États-Unis, un séminaire d'été qui marque historiquement la naissance officielle de l'intelligence artificielle en tant que discipline scientifique autonome.

- L'idée fondatrice est de proposer que tous les aspects de l'apprentissage et de l'intelligence puissent, en principe, être décrits de manière suffisamment précise pour être simulés par une machine.

- Ce séminaire réunit d'autres grands noms comme Allen Newell et Herbert A. Simon, qui présentaient déjà des programmes novateurs tels que «□Logic Theorist□» (un logiciel capable de prouver des théorèmes en logique).

2.2. L'espoir d'une résolution rapide

- Les fondateurs de l'IA étaient très optimistes□: ils pensaient que la réalisation d'une intelligence artificielle comparable à celle de l'humain était une question de quelques décennies, voire de quelques années.

- Durant cette période, de nombreux laboratoires universitaires et centres de recherche voient le jour, notamment au MIT (avec

Marvin Minsky), à Stanford (avec John McCarthy) et à Carnegie Mellon (avec Newell et Simon).

3. Les premiers programmes et les approches symboliques

3.1. Le Logic Theorist (1956)

- Développé par Allen Newell, Herbert A. Simon et Cliff Shaw, **Logic Theorist** est souvent considéré comme l'un des premiers programmes d'intelligence artificielle.

- Il avait la capacité de prouver automatiquement des théorèmes de logique formelle, notamment certains tirés des Principia Mathematica de Russell et Whitehead.

- Cette réussite a montré que certaines tâches considérées comme intelligentes pouvaient être formalisées sous forme de règles logiques et résolues par un ordinateur.

3.2. Le General Problem Solver (GPS) (1957)

- Également créé par Newell et Simon, le **General Problem Solver** visait à offrir un cadre générique pour résoudre différents types de problèmes en les réduisant à des étapes logiques (états initiaux, états finaux, opérations intermédiaires).

- Bien que prometteur sur le papier, le système se heurtait rapidement à des limites de calcul lorsqu'il était confronté à des problèmes complexes (ce qui caractérisera plus tard les défis de l'IA symbolique).

3.3. Les systèmes experts et l'approche symbolique

- Dans les années 1960 et 1970, l'IA se concentre essentiellement sur des méthodes dites **symboliques** ou **basées sur la connaissance**.

- On formalise la connaissance humaine sous forme de règles, de faits, de concepts, de logique.

- o Les **systèmes experts** sont l'exemple le plus abouti de cette approche□ : ils cherchent à encapsuler l'expertise d'un domaine particulier (médecine, géologie, etc.) en l'exprimant dans une base de règles.

- Exemple célèbre□ : **MYCIN** (années 1970), un système expert pour le diagnostic de maladies infectieuses et la recommandation de traitements antibiotiques.

4. L'essor des réseaux de neurones et l'émergence de l'approche connexionniste

4.1. Le perceptron (1957)

- **Frank Rosenblatt** propose en 1957 un modèle de réseau de neurones artificiels appelé **Perceptron**. Inspiré du neurone biologique, il s'agit d'une unité de base capable d'apprendre à classer des données simples en fonction d'entrées pondérées.

- Le perceptron a connu un certain succès (par ex. reconnaissance de formes de base), mais il rencontrait des limites importantes (incapacité à résoudre le **problème du XOR**, par exemple).

4.2. Le livre Perceptrons (1969) et le premier "hiver de l'IA"

- En 1969, **Marvin Minsky** et **Seymour Papert** publient un livre intitulé *Perceptrons*, dans lequel ils soulignent les limites fondamentales du perceptron simple.

- Ce livre a été (mal) interprété comme la preuve de l'inefficacité générale des réseaux de neurones, contribuant à détourner la recherche publique et privée de cette approche.

- Par conséquent, le financement se recentre sur l'IA symbolique, conduisant à un premier «□hiver de l'IA□» dans le domaine des réseaux de neurones (années 1970).

4.3. Le renouveau du connexionnisme (années 1980)

- Dans les années 1980, de nouveaux travaux (par exemple, **Rumelhart, Hinton** et Williams) popularisent l'**apprentissage**

par rétropropagation du gradient, permettant d'entraîner des **réseaux multicouches**.

- Cette avancée ouvre la voie à ce que l'on appelle l'**apprentissage profond** (deep learning), bien que les architectures d'alors restent limitées par la puissance de calcul disponible et la quantité de données.

5. Les "hivers de l'IA" et le renouvellement de l'enthousiasme

5.1. Les cycles de promesses et de désillusions

- L'IA a traversé plusieurs périodes d'**espoirs intenses** suivies de **désillusions** et de réductions de financement.

- Le **premier hiver** (années 1970) est lié aux limites de l'IA symbolique et au rapport ALPAC (1966) qui jugeait peu convaincants les progrès de la traduction automatique.

- Le **second hiver** (fin des années 1980, début 1990) est lié à l'échec de la «□cinquième génération de l'informatique□» (au Japon) et à la fin des systèmes experts (lorsque les attentes dépassaient de loin la réalité).

5.2. Facteurs de renouveau

- À chaque fois, de nouvelles idées et de nouvelles technologies ont fait redémarrer l'enthousiasme pour l'IA, que ce soit via le **connexionnisme** ou via des techniques symboliques plus avancées (raisonnement par cas, algorithmes génétiques, etc.).

- L'arrivée d'Internet, l'explosion de la quantité de données numériques et l'augmentation exponentielle de la puissance de calcul (loi de Moore) ont fini par offrir un terrain extrêmement fertile à l'émergence du **deep learning**.

6. L'avènement du deep learning (années 2010)

6.1. Les percées dans la reconnaissance d'images et la reconnaissance vocale

- Le début des années 2010 voit des progrès spectaculaires en **vision par ordinateur** grâce aux **réseaux de neurones profonds** (AlexNet, 2012).

- L'usage de grandes bases de données (ImageNet, etc.) et de GPU pour l'entraînement a permis de dépasser nettement les performances des approches précédentes.

- En reconnaissance vocale, les avancées d'entreprises comme Google, Baidu, Microsoft ont montré que des réseaux neuronaux plus profonds (DNN, Deep Neural Networks) étaient nettement plus performants que les approches basées sur des modèles statistiques de Markov cachés.

6.2. Le traitement du langage naturel (NLP) et les grands modèles de langage

- À partir de la seconde moitié des années 2010, le traitement du langage naturel connaît une révolution avec l'introduction des **transformers** (article «□Attention is All You Need□», 2017, par Vaswani et al.).

- Les modèles GPT (Generative Pre-trained Transformer) d'OpenAI ou BERT (Google) ont démontré la puissance de l'**apprentissage auto-supervisé** sur d'immenses corpus de textes, menant à des progrès dans la compréhension et la génération de langage.

- Cette approche a servi de base à de nombreuses évolutions, notamment Claude (Anthropic), ChatGPT (OpenAI), et d'autres grands modèles de langage.

7. Les grandes étapes de l'IA : un résumé chronologique

1. **1936-1950** : Réflexion préliminaire (Turing, cybernétique), notion de calcul universel.

2. **1956** : Conférence de Dartmouth, naissance officielle de l'IA.

3. **1956-1970** : IA symbolique et systèmes à base de règles (Logic Theorist, GPS), premiers succès mais limites de calcul.

4. **1957-1969** : Émergence du perceptron, puis critique (livre *Perceptrons*), menant à un désintérêt pour les réseaux de neurones.

5. **Années 1970** : Premiers hivers de l'IA, ralentissement du financement, mais développement de systèmes experts.

6. **Années 1980** : Retour du connexionnisme grâce à la rétropropagation, seconde vague de recherche sur les réseaux de neurones.

7. **Fin des années 1980 – 1990** : Second hiver de l'IA, crise des systèmes experts et échec de la cinquième génération japonaise.

8. **Années 2000** : Montée en puissance d'Internet, capitalisation sur de vastes bases de données, accélération du matériel (GPU).

9. **2010 – 2012** : «☐Renaissance☐» du deep learning (AlexNet), percées en reconnaissance d'images, puis en reconnaissance vocale.

10. **2017 – présent** : Innovation des transformers, expansion des grands modèles de langage (GPT, BERT, Claude, etc.), IA générative (GPT-3, GPT-4, DALL-E, etc.), croissance exponentielle des capacités et des usages.

8. Conclusion : un long chemin, riche en rebondissements

Le parcours historique de l'IA est caractérisé par des phases d'enthousiasme, suivies de moments de scepticisme et de réduction des financements. Chaque «□hiver de l'IA□» a néanmoins servi de période de remise en question et de préparation aux futures percées technologiques. Aujourd'hui, avec la puissance informatique disponible, l'explosion des données et l'avènement d'architectures révolutionnaires comme les transformers, l'IA vit une période d'expansion et d'innovation sans précédent.

Ce contexte historique est essentiel pour comprendre :

- Les bases conceptuelles (dès Turing) qui ont ouvert la voie à la simulation de processus cognitifs.

- Les grands courants de recherche (symbolique vs connexionniste).

- Les facteurs de réussite (puissance de calcul, avancées algorithmiques, données massives) qui ont mené aux exploits actuels, comme ceux réalisés par Anthropic avec Claude, ou par d'autres grands laboratoires de recherche en IA.

En somme, l'IA n'est pas un phénomène soudain□: elle résulte de décennies de découvertes et de retours d'expérience, ayant permis de bâtir progressivement l'impressionnante panoplie d'applications d'intelligence artificielle que nous connaissons aujourd'hui.

Émergence des réseaux de neurones et du deep learning.

1. Fondements et premières pistes (années 1940-1960)

1.1. Les inspirations biologiques

- L'idée de s'inspirer du cerveau pour créer une machine "intelligente" naît avec la **cybernétique** (Norbert Wiener) et la **neurophysiologie** (Warren McCulloch, Walter Pitts).

- Dans un article de 1943, McCulloch et Pitts introduisent le concept de "neurone formel" : un modèle mathématique schématique inspiré du neurone biologique.

- Ils démontrent ainsi qu'un réseau de neurones formels pouvait, en principe, réaliser des opérations logiques élémentaires, jetant les bases de la modélisation neuronale pour le calcul.

1.2. Le perceptron de Frank Rosenblatt (fin des années 1950)

- **Frank Rosenblatt** propose le **Perceptron** en 1957 : il s'agit d'une machine capable d'apprendre à classer des données simples (par exemple, distinguer deux formes) en ajustant les poids associés aux neurones.

- Les premiers tests, financés par la Navy américaine, montraient une relative capacité du perceptron à extraire des caractéristiques pertinentes à partir de données visuelles.

- Rosenblatt prédisait que ces réseaux pouvaient aboutir à des formes d'intelligence quasi-humaine. Cette prévision s'est révélée prématurée, mais elle a contribué à populariser l'idée que les systèmes neuronaux pouvaient "apprendre" à partir d'exemples.

2. Le coup d'arrêt : "Perceptrons" et le premier hiver de l'IA (1969-1970)

2.1. L'analyse critique de Minsky et Papert

- En 1969, **Marvin Minsky** et **Seymour Papert** publient *Perceptrons*, un ouvrage qui met en évidence les limites du perceptron simple.

- Ils démontrent notamment qu'un perceptron à couche unique ne pouvait pas résoudre certains problèmes élémentaires de classification (ex. le fameux "problème du XOR"), faute de pouvoir modéliser des relations non linéaires.

2.2. Conséquences : réduction du financement pour les réseaux de neurones

- L'interprétation trop large de *Perceptrons* a laissé penser que toute forme d'approche neuronale était vouée à l'échec.

- Les organismes de financement et les laboratoires universitaires se sont alors détournés des réseaux de neurones, au profit de l'IA symbolique (représentation des connaissances, systèmes experts, etc.).

- Cette période, marquée par des coupes budgétaires, est communément nommée le **premier hiver de l'IA**.

3. Le renouveau connexionniste : la rétropropagation (années 1980)

3.1. Redécouverte du gradient et des réseaux multicouches

- Dans les années 1980, plusieurs chercheurs (dont **Geoffrey Hinton**, **David Rumelhart**, **Ronald Williams**, **Yann LeCun**, **John Hopfield**) démontrent qu'il est possible d'entraîner des **réseaux de neurones multicouches** grâce à l'**algorithme de rétropropagation du gradient** (ou backpropagation).

- L'idée théorique existait dès les années 1960-1970, mais elle avait été peu explorée. Les progrès informatiques et l'apport de nouvelles perspectives mathématiques permettent enfin de surmonter en partie les limites des perceptrons simples.

3.2. Les travaux marquants

- **Rumelhart, Hinton et Williams (1986)** publient une série de travaux expliquant comment la rétropropagation permet de corriger les poids du réseau en cascade, couche par couche.

- Les réseaux de neurones se révèlent capables de résoudre des problèmes complexes (reconnaissance de caractères manuscrits, classification de signaux, etc.).

- **John Hopfield** introduit des "réseaux de Hopfield" (récurrents, bidirectionnels) qui mémorisent et reconnaissent des motifs.

- Au milieu des années 1980, l'enthousiasme pour le **connexionnisme** reprend, même si les infrastructures de calcul restent encore limitées.

3.3. Systèmes à couches cachées et modèles "multi-layer perceptron" (MLP)

- Avec les "multi-layer perceptrons" comportant **une ou plusieurs couches cachées**, il devient possible d'apprendre des fonctions non linéaires complexes.

- Les techniques de régularisation, de normalisation et d'initialisation des poids apparaissent progressivement, améliorant la stabilité de l'apprentissage.

- Malgré ces progrès, les réseaux de neurones profonds (à de nombreuses couches) restent difficiles à entraîner à grande échelle en raison des problèmes de **vanishing gradients** (gradients qui s'annulent ou explosent au fil des couches).

---

4. L'arrivée des "deep networks" et la révolution du deep learning (années 2000-2010)

4.1. Le rôle de la puissance de calcul et des données

- À partir des années 2000, plusieurs facteurs se conjuguent :

1. **Explosion d'Internet** et génération massive de données disponibles pour l'apprentissage.

2. **Augmentation considérable de la puissance de calcul**, notamment grâce à l'usage de **GPU** (processeurs graphiques) dans l'entraînement des réseaux neuronaux.

3. Émergence d'architectures neuronales plus élaborées et de techniques pour entraîner en profondeur (initialisations meilleures, couches de normalisation, etc.).

4.2. Les travaux pionniers de Hinton, Bengio et LeCun

- **Geoffrey Hinton**, **Yoshua Bengio** et **Yann LeCun**, souvent considérés comme les "pères du deep learning moderne", développent des méthodes pour former des **réseaux profonds** (plusieurs couches) avec des techniques de pré-entraînement couche par couche (RBM, autoencodeurs empilés, etc.).

- Ces approches permettent de mieux initialiser les poids et d'éviter que les gradients ne s'annulent dans les couches profondes.

- Rapidement, on constate que plus on augmente la profondeur du réseau (et la taille des jeux de données), meilleures sont les performances.

4.3. La "bombe" AlexNet (2012)

- En 2012, **Alex Krizhevsky**, **Ilya Sutskever** et Geoffrey Hinton remportent le concours **ImageNet** en utilisant un **réseau convolutif profond** (CNN) baptisé **AlexNet**.

- Leur résultat dépasse de loin les approches traditionnelles de vision par ordinateur (SVM, features "faits main", etc.).

- AlexNet se distingue par l'usage intensif des GPU pour l'entraînement, des techniques de régularisation (dropout) et un design de réseau plus profond que les précédents CNN.

- Cette victoire est considérée comme l'événement catalyseur de la révolution du deep learning dans la vision par ordinateur.

5. Les avancées en vision, reconnaissance vocale et traitement du langage (années 2010)

5.1. Reconnaissance d'images : de VGGNet à ResNet

- Après AlexNet, d'autres architectures convolutionnelles arrivent : **VGGNet** (Oxford, 2014), **GoogLeNet/Inception** (Google, 2014-2015) et surtout **ResNet** (Microsoft, 2015).

- **ResNet** (He, Zhang, Ren, Sun) introduit des "skip connections", évitant la déperdition de gradient dans les très profonds réseaux (jusqu'à plus de 100 couches).

- Les CNN deviennent la norme en vision par ordinateur, fournissant des performances inégalées pour la classification, la détection d'objets, la segmentation sémantique, etc.

5.2. Reconnaissance vocale et traitement du signal

- Les mêmes principes de **réseaux neuronaux profonds** (DNN) se montrent extrêmement performants pour la **reconnaissance vocale**.

- Les grands acteurs technologiques (Google, Microsoft, Baidu, Amazon, Apple) adoptent ces architectures pour leurs assistants virtuels et leurs services de traduction orale.

- Les modèles récurrents (LSTM, GRU) se spécialisent dans le traitement de séquences temporelles (signal audio, séries temporelles), améliorant nettement les taux de reconnaissance par rapport aux modèles statistiques précédents (HMM, GMM).

5.3. Traitement du langage naturel et introduction des Transformers

- Jusqu'en 2017, le **NLP** (Natural Language Processing) repose en grande partie sur les réseaux récurrents (LSTM) et des mécanismes d'**attention** (seq2seq).

- La publication de l'article **"Attention is All You Need"** (Vaswani et al., 2017) introduit l'architecture **Transformer**, qui repose uniquement sur des mécanismes d'attention autoportée (self-attention), évitant la récurrence.

- Le Transformer réduit drastiquement la difficulté à paralléliser l'entraînement et obtient d'excellentes performances sur des tâches de traduction, de résumé et de compréhension de texte.

- Ce nouveau paradigme va ouvrir la porte aux **grands modèles de langage** (GPT, BERT, T5, etc.) et transformer littéralement le champ du NLP et de la génération de texte.

6. L'expansion massive et les grands modèles de langage (années 2020)

6.1. L'émergence des modèles de très grande taille

- À mesure que la capacité de calcul (GPU, TPU, etc.) et l'accès aux données explosent, les laboratoires de recherche industriels et académiques développent des **modèles neuronaux gigantesques**, atteignant des dizaines, voire des centaines de milliards de paramètres.

- **OpenAI** lance la série **GPT** (Generative Pre-trained Transformer) : GPT-2 (2019), GPT-3 (2020), GPT-4 (2023), montrant qu'avec une architecture Transformer et un pré-entraînement auto-supervisé sur d'énormes corpus, on obtient des capacités impressionnantes de génération et de compréhension du langage.

- **Google** et d'autres entreprises suivent la même approche avec BERT, T5, PaLM, etc.

6.2. Les domaines d'application : un essor fulgurant

- Les **chatbots** capables de dialoguer de façon fluide, les **assistants virtuels** ultra-sophistiqués, la **traduction automatique** presque humaine, la **création de texte** (blog posts, articles, code informatique) sont devenus des réalités accessibles au grand public.

- Dans la vision par ordinateur, les GAN (Generative Adversarial Networks), puis les **diffusion models** (Stable Diffusion, DALL-E, Midjourney) permettent de générer des images de grande qualité à partir de simples descriptions textuelles.

6.3. Vers une explosion des secteurs concernés

- Industrie, santé, finance, transports, éducation, création artistique : pratiquement tous les domaines intègrent des solutions de deep learning pour automatiser des tâches, analyser de gros volumes de données, ou générer de nouveaux contenus.

- Les questions d'**éthique**, de **biais** algorithmiques, de **consommation énergétique** et de **réglementation** s'imposent alors comme des défis majeurs dans le domaine, au même titre que la poursuite de la performance et de la précision.

---

7. Défis actuels et perspectives d'avenir

7.1. Les problématiques de l'apprentissage profond

- **Étiquetage des données** : malgré l'essor de l'auto-supervision, de nombreuses tâches nécessitent encore des données annotées coûteuses à produire.

- **Biais de données et robustesse** : les réseaux de neurones apprennent les biais présents dans les données d'entraînement, conduisant à des discriminations involontaires ou des erreurs en situation réelle.

- **Explicabilité** : comprendre les décisions d'un réseau profond reste un défi majeur. Les boîtes à outils (Grad-CAM, LIME, SHAP, etc.) tentent d'apporter des éclairages, mais la transparence totale est encore loin.

7.2. Vers de nouvelles architectures hybrides ?

- Certains chercheurs explorent la combinaison de l'**IA symbolique** et du **deep learning**, cherchant à concilier la puissance de généralisation des réseaux neuronaux avec la capacité de raisonnement logique et d'abstraction des systèmes de connaissances.

- L'usage de mécanismes de mémoire différentiable, d'architectures neurosymboliques ou de **prompt engineering** (dans le cas des grands modèles de langage) suggère des voies pour pallier les limites actuelles du deep learning.

7.3. L'horizon de l'IA générale (AGI)

- Les performances spectaculaires du deep learning suscitent des débats sur la possibilité d'une **intelligence artificielle générale** (AGI).

- Pour certains, les réseaux neuronaux profonds, couplés à des techniques émergentes, pourraient approcher des capacités cognitives d'un humain. Pour d'autres, des percées conceptuelles radicalement nouvelles seront nécessaires.

- Dans tous les cas, l'essor du deep learning a durablement changé la face de l'informatique et de la recherche en intelligence artificielle, ouvrant la voie à de nouvelles applications encore inimaginables il y a quelques années.

8. Conclusion

L'émergence des réseaux de neurones et du deep learning est le fruit d'un long cheminement historique, jalonné de découvertes fondamentales (le perceptron, la rétropropagation, les CNN, les Transformers) et rythmé par des "hivers" de l'IA lorsque le financement ou la confiance se sont taris.
Ce n'est véritablement qu'avec la montée en puissance du matériel de calcul, l'abondance de données et la mise au point de nouvelles architectures que le deep learning s'est affirmé comme un pilier de l'IA moderne.
Aujourd'hui, les réseaux neuronaux profonds se sont imposés dans la quasi-totalité des domaines liés à la perception, au langage ou à la décision, et continuent d'évoluer à grande vitesse. Les frontières du possible sont repoussées presque chaque année, laissant entrevoir des perspectives technologiques, économiques et sociétales d'ampleur inédite, tout en soulevant des questions éthiques et de gouvernance primordiale.

Les acteurs majeurs qui ont façonné le domaine de l'IA avant la création d'Anthropic.

1. Les pionniers individuels

1.1. Alan Turing (1912-1954)

- Considéré comme l'un des pères de l'informatique moderne.
- Propose en 1936 le concept de **machine de Turing**, qui formalise la notion de calcul universel.
- Dans son article de 1950 "**Computing Machinery and Intelligence**", il pose la question "**Les machines peuvent-elles penser□?**" et décrit le **Test de Turing**, censé évaluer si la conversation d'une machine est indistinguable de celle d'un humain.
- Ses idées ont profondément influencé la réflexion sur la possibilité d'une intelligence mécanisée, ouvrant la voie à l'IA.

1.2. John McCarthy (1927-2011)

- Informaticien à l'origine de l'appellation **"Artificial Intelligence"** (conçue pour la conférence de Dartmouth de 1956).
- Créateur du langage **Lisp** (1958), qui deviendra l'un des langages phares pour la recherche en IA, en particulier pour la manipulation de symboles et l'écriture de systèmes experts.
- Co-fondateur du **Stanford Artificial Intelligence Laboratory (SAIL)**, il a joué un rôle central dans l'expansion de l'IA symbolique.

1.3. Marvin Minsky (1927-2016)

- Chercheur influent au **MIT** (Massachusetts Institute of Technology), co-fondateur de l'**MIT AI Lab**.
- Contributeur majeur aux théories de l'IA symbolique et à la réflexion autour de l'intelligence humaine et artificielle.

- Son livre **Perceptrons** (1969, avec Seymour Papert) a temporairement porté un coup d'arrêt à la recherche sur les réseaux de neurones, mais il est resté une figure incontournable, défendant notamment l'idée que la connaissance pourrait être décomposée en agents cognitifs (voir son ouvrage *The Society of Mind*).

1.4. Herbert A. Simon (1916-2001) et Allen Newell (1927-1992)

- Duo de chercheurs majeurs à l'**Université Carnegie Mellon** (CMU).
- Créateurs de programmes précurseurs tels que **Logic Theorist** (1956) et **General Problem Solver (GPS)** (1957).
- Ils ont démontré que la résolution de problèmes et le raisonnement pouvaient être formalisés sous forme de règles logiques.
- Simon, lauréat du Prix Nobel d'Économie (1978), a profondément influencé la théorie de la décision et la psychologie cognitive, reliant ainsi l'IA à diverses disciplines.

1.5. Claude Shannon (1916-2001)

- "Père de la théorie de l'information".
- Présent à la conférence de Dartmouth, il a contribué à la formulation d'idées fondatrices sur l'IA, notamment l'étude de la résolution de problèmes (jeux de stratégie comme les échecs).
- Ses travaux sur l'information ont largement influencé le domaine de la cybernétique et des communications, fondements essentiels pour le développement ultérieur de l'IA.

1.6. Seymour Papert (1928-2016)

- Collaborateur de Marvin Minsky au MIT.
- Co-auteur du livre *Perceptrons*.
- L'un des pionniers de l'approche constructiviste en éducation, créateur du langage **Logo**, visant à enseigner la programmation et la logique aux enfants.

- Ses idées sur l'apprentissage informatique ont eu un impact considérable sur l'approche pédagogique de l'IA.

1.7. Edward Feigenbaum (né en 1936)

- Figure de proue de la conception des **systèmes experts** dans les années 1970.
- Connu pour le projet DENDRAL (diagnostic en chimie organique) et MYCIN (diagnostic médical), démontrant la puissance des règles expertes codées au sein de programmes informatiques.

1.8. Judea Pearl (né en 1936)

- Informaticien et philosophe, pionnier dans le domaine du **raisonnement probabiliste** et des **réseaux bayésiens**.
- Ses travaux (notamment son livre *Probabilistic Reasoning in Intelligent Systems*, 1988) ont révolutionné la manière dont les systèmes d'IA gèrent l'incertitude, ouvrant la voie à des modèles de décision plus robustes.

1.9. Les pionniers du deep learning : Geoff Hinton, Yann LeCun, Yoshua Bengio

- **Geoffrey Hinton** : rediscoverteur et popularisateur de la **rétropropagation du gradient** dans les années 1980, et figure centrale à l'origine du deep learning moderne (notamment AlexNet, 2012).
- **Yann LeCun** : concepteur des premiers **réseaux convolutionnels** (LeNet) appliqués à la lecture de chiffres manuscrits. Devenu plus tard directeur de l'IA chez Meta (Facebook).
- **Yoshua Bengio** : chercheur à l'Université de Montréal, a développé des méthodes avancées d'autoencodeurs, de modèles génératifs et a contribué à la communauté du deep learning via le MILA (Montréal Institute for Learning Algorithms).

2. Universités et laboratoires historiques

2.1. MIT AI Lab

- Fondé notamment par Marvin Minsky et John McCarthy.
- Berceau de nombreux projets d'IA, tant symboliques que pratiques.
- Lieu d'émergence de langages et d'outils informatiques clés (Lisp Machines, etc.).
- A donné naissance à nombre de figures notables de l'IA et a tissé des liens étroits avec l'industrie.

2.2. Stanford AI Lab (SAIL)

- Co-fondé par John McCarthy après son départ du MIT.
- Connu pour ses travaux en **robotique**, **raisonnement automatique** et **systèmes experts** (MYCIN, etc.).
- A également joué un rôle important dans la formation d'entrepreneurs et de chercheurs de la Silicon Valley.

2.3. Carnegie Mellon University (CMU)

- Haut lieu de recherche en IA grâce à la collaboration initiale entre Herbert A. Simon et Allen Newell.
- A contribué à la **science cognitive**, à la **robotique**, au **machine learning** et au **raisonnement symbolique**.
- De grands pionniers (Raj Reddy, Takeo Kanade, etc.) y ont développé des innovations dans la reconnaissance vocale et la vision par ordinateur.

2.4. University of Edinburgh et autres centres européens

- En Europe, des institutions comme **l'Université d'Édimbourg** ont joué un rôle clé dans la linguistique computationnelle et le raisonnement logique.

- Le développement de **Prolog** (à l'Université de Marseille, puis Edinburgh) a offert une base pour la programmation logique et les systèmes à base de règles.

---

3. Les entreprises technologiques de premier plan

3.1. IBM

- Acteur historique de l'informatique, IBM a soutenu la recherche en IA dès les années 1950-1960.
- Leur projet **Deep Blue** (1997) a marqué les esprits en battant le champion du monde d'échecs Garry Kasparov.
- Plus tard, la création de **Watson** (gagnant de Jeopardy! en 2011) a illustré le passage à l'échelle de systèmes d'IA dans le traitement du langage et l'analyse de données.

3.2. Microsoft

- Très tôt impliquée dans la recherche en IA et le traitement du langage (grâce à Microsoft Research, fondé dans les années 1990).
- A investi dans la reconnaissance vocale, la vision par ordinateur et de multiples collaborations académiques.
- Ses travaux, et ses partenariats (avec OpenAI à partir de 2019), ont contribué à la diffusion massive des approches neuronales.

3.3. Google (et Google Brain)

- Google, par le rachat de **DeepMind** (fondé à Londres en 2010 par Demis Hassabis, Shane Legg et Mustafa Suleyman), est devenu un acteur majeur du **deep reinforcement learning** (avec le succès d'AlphaGo en 2016).
- L'initiative **Google Brain** (dirigée notamment par Jeff Dean, Andrew Ng) a poussé la recherche sur les réseaux neuronaux profonds (notamment pour la traduction automatique, la vision et les architectures de type Transformer).

- L'émergence de **TensorFlow** a offert un framework open source populaire qui a standardisé le développement de modèles de deep learning.

3.4. Facebook (Meta)

- Au sein de **Facebook AI Research (FAIR)**, sous la direction de Yann LeCun, Meta a investi massivement dans la vision par ordinateur, le NLP et les modèles de recommandation.
- Les avancées de FAIR en open source (PyTorch, dont la première version vient aussi de Facebook) ont contribué à l'essor de la communauté deep learning.

3.5. OpenAI

- Fondée en 2015 par un groupe incluant Elon Musk, Sam Altman, Ilya Sutskever, Greg Brockman, etc.
- Avant Anthropic, OpenAI a joué un rôle crucial dans la prolifération des **grands modèles de langage** (GPT-2, GPT-3, GPT-4) et dans la sensibilisation du public aux capacités et limites de l'IA générative.

4. Les organismes publics et privés de financement

4.1. DARPA (États-Unis)

- L'agence américaine de recherche pour la défense (DARPA) a soutenu financièrement de multiples projets d'IA depuis les années 1960.
- Par exemple, le programme **Speech Understanding Research (SUR)** dans les années 1970 a permis des avancées majeures en reconnaissance vocale.
- DARPA a également financé des projets exploratoires sur la robotique, les véhicules autonomes (Grand Challenge) et la vision par ordinateur.

4.2. Programmes gouvernementaux à l'international

- Les gouvernements japonais et européens ont, dans les années 1980, lancé de grands projets (Cinquième génération de l'informatique au Japon, Programme ESPRIT en Europe) autour de la microélectronique et de l'IA.
- Malgré des résultats parfois en deçà des attentes, ces initiatives ont préparé le terrain pour les recherches futures.

4.3. Fondations et grandes conférences

- Des fondations comme la **National Science Foundation (NSF)** américaine ou la **Fondation Alfred P. Sloan** ont contribué à soutenir la recherche fondamentale.
- Les grandes conférences spécialisées (IJCAI, AAAI, NeurIPS, ICML, ACL, etc.) se sont institutionnalisées au fil des décennies, servant de lieu de rencontre et d'émulation pour la communauté scientifique internationale.

---

5. Les courants de recherche majeurs avant Anthropic

5.1. L'IA symbolique (années 1950 à 1980)

- Basée sur la représentation de connaissances sous forme de règles et de symboles (logique, systèmes experts).
- Contribue à la résolution de problèmes, aux démonstrations automatiques de théorèmes, aux systèmes de diagnostic médical (MYCIN) et à la planification.

5.2. L'approche connexionniste (réseaux de neurones)

- Démarrée avec le perceptron (Rosenblatt), mise en veille après *Perceptrons* (1969), relancée dans les années 1980 grâce à la rétropropagation (Hinton, Rumelhart, LeCun).

- Se généralise en "**deep learning**" à partir des années 2000, avec l'explosion de la puissance de calcul et des données.

5.3. Les méthodes probabilistes et le raisonnement incertain

- Portées par Judea Pearl et d'autres, elles s'appuient sur des **réseaux bayésiens**, l'**inférence statistique** et l'**apprentissage machine** "classique" (SVM, arbres de décision, etc.).
- Éléments fondateurs pour la robustesse de l'IA dans des environnements complexes et incertains.

5.4. L'avènement des Transformers et de l'IA générative (2017-2020)

- "Attention is All You Need" (2017) révolutionne le traitement du langage naturel.
- OpenAI et d'autres laboratoires démontrent la puissance des **grands modèles de langage** (GPT, BERT, etc.).
- Juste avant la création d'Anthropic (2021), cette technologie se généralise, posant de nombreuses questions éthiques et de gouvernance de l'IA.

6. Synthèse : un héritage multidisciplinaire

Avant Anthropic, la recherche en IA a été façonnée par :

1. **Des individus visionnaires** (Turing, McCarthy, Minsky, Simon, Pearl, etc.) qui ont défini les fondements conceptuels, mathématiques et éthiques de l'IA.
2. **Des laboratoires universitaires historiques** (MIT, Stanford, CMU) qui ont structuré l'enseignement et la recherche dans le domaine, formant plusieurs générations de scientifiques et d'ingénieurs.
3. **Des entreprises technologiques** (IBM, Microsoft, Google, Facebook, OpenAI) qui ont apporté des moyens financiers, des

capacités de calcul et des applications industrielles, popularisant l'IA auprès du grand public.

4. **Des organismes publics** (DARPA, NSF, programmes nationaux) et fondations privées, dont les financements ont soutenu aussi bien la recherche théorique que les démonstrations pratiques.

5. **Une communauté internationale de chercheurs**, se réunissant autour de grandes conférences et associations savantes, garantissant l'échange d'idées et le dynamisme du domaine.

C'est dans ce riche héritage, tissé de controverses, d'avancées spectaculaires et de défis éthiques, qu'est venue s'inscrire Anthropic, en s'appuyant sur la tradition de recherche de pointe et en ajoutant sa propre vision autour de la **sécurité**, de l'**éthique** et de la **responsabilité** dans le développement des modèles d'intelligence artificielle.

Chapitre 2 : Fondements et mission d'Anthropic

Présentation des fondateurs et de leur parcours.

1. Le contexte de la fondation d'Anthropic

Anthropic a été créée début 2021 par d'anciens membres d'OpenAI. L'objectif affiché était de bâtir une organisation concentrée spécifiquement sur la **sécurité**, l'**éthique** et la **responsabilité** de l'intelligence artificielle, tout en poursuivant la recherche sur les grands modèles de langage et les systèmes d'IA avancée.

Les fondateurs d'Anthropic ont, pour la plupart, acquis une solide expérience technique et managériale dans des organisations de premier plan (notamment OpenAI) et ont décidé de mettre ces compétences au service d'une nouvelle entité, avec sa propre culture d'entreprise et un accent sur la **recherche à long terme** et la **sûreté** de l'IA.

---

2. Dario Amodei : PDG et cofondateur

2.1. Parcours académique et premières expériences

- Dario Amodei est l'une des figures scientifiques centrales d'Anthropic.
- Il est titulaire d'un doctorat (Ph.D.) en biophysique de l'Université de Stanford. Sa formation initiale combine ainsi la **physique**, la **biologie** et les **mathématiques**, ce qui lui a donné un profil pluridisciplinaire.
- Son intérêt s'est progressivement déplacé vers l'apprentissage automatique (machine learning), l'IA, et plus spécifiquement les grands modèles de langage.

2.2. Rôle chez OpenAI

- Avant de cofonder Anthropic, Dario Amodei était Vice President of Research chez **OpenAI**.
- Il a notamment supervisé ou contribué de près aux projets phares de l'organisation, dont des travaux relatifs à la sûreté de l'IA (AI safety) et à l'entraînement de modèles de langage de grande taille (les différentes itérations de GPT par exemple).
- Son rôle consistait à encadrer les équipes de recherche, à définir les orientations stratégiques sur les questions à la fois techniques et éthiques, et à veiller à la performance des modèles.

2.3. Motivations pour créer Anthropic

- Au fil du temps, Dario Amodei s'est montré de plus en plus préoccupé par les problématiques de **sécurité** et de **contrôle** liées aux IA puissantes.
- Lui et d'autres collaborateurs ont choisi de créer une entité à part entière, où la recherche sur la **sûreté** de l'IA puisse être centrale et où les questions de gouvernance et de transparence seraient intégrées dès la conception des modèles.
- Depuis la fondation d'Anthropic, il en est le PDG (CEO), veillant à la direction scientifique et stratégique de l'entreprise.

---

3. Daniela Amodei : présidente et cofondatrice

3.1. Parcours et compétences

- Daniela Amodei est la sœur de Dario Amodei et une autre figure clé d'Anthropic.
- Son parcours, plus orienté vers les **sciences politiques**, la **communication** et la **gestion**, lui permet d'apporter une perspective différente au projet.
- Elle a également travaillé chez OpenAI avant de rejoindre l'aventure Anthropic, occupant des postes liés à la **stratégie**, à la **coordination d'équipe** et à la **communication**.

3.2. Rôle organisationnel

- En tant que présidente (President) d'Anthropic, Daniela Amodei pilote la partie "opérations" de l'entreprise, les relations internes et externes, ainsi que la culture d'entreprise.
- Elle met l'accent sur l'**éthique**, la **responsabilité sociale** et la **communication transparente**, points fondamentaux pour un organisme voué à développer des systèmes IA puissants et potentiellement sensibles.
- Daniela participe également à la définition de la **stratégie de financement** et de la feuille de route pour la recherche, travaillant en étroite collaboration avec Dario Amodei.

4. Jack Clark : cofondateur et expert en politique publique de l'IA

4.1. Contexte professionnel

- Jack Clark était auparavant **Director of Policy** chez OpenAI.
- Son rôle consistait à évaluer les impacts potentiels de l'IA sur la société, à dialoguer avec les institutions gouvernementales et à contribuer à l'élaboration de normes de sécurité et d'éthique.
- Son expérience en journalisme technique (il a notamment écrit pour Bloomberg) lui a permis de développer des compétences dans la vulgarisation et la mise en perspective des avancées de l'IA.

4.2. Implication dans Anthropic

- Chez Anthropic, Jack Clark se concentre sur les **aspects politiques**, la **réglementation** et la **gouvernance** de l'IA.
- Sa présence souligne la volonté d'Anthropic d'intégrer très tôt ces dimensions dans ses orientations stratégiques et ses recherches.

- Les questions de transparence, de responsabilité et de communication publique autour de l'IA restent l'un de ses chevaux de bataille.

---

5. Autres cofondateurs et membres clés

5.1. Des profils scientifiques et techniques variés

- Aux côtés de Dario et Daniela Amodei, ainsi que de Jack Clark, Anthropic compte d'autres cofondateurs et chercheurs majeurs, souvent issus d'OpenAI ou d'autres grandes institutions (universités prestigieuses, laboratoires de recherche).
- Plusieurs d'entre eux disposent d'un solide bagage en **mathématiques**, en **physique**, en **informatique** ou encore en **apprentissage automatique**, ayant publié dans des conférences majeures (NeurIPS, ICML, etc.).

5.2. Une complémentarité de compétences

- L'équipe fondatrice regroupe non seulement des scientifiques, mais aussi des profils spécialisés en **gestion de produit**, **sécurité informatique**, **politique publique**, **droit**, etc.
- Cette approche pluridisciplinaire s'inscrit dans la logique d'Anthropic□ : pour étudier et développer des systèmes IA extrêmement puissants, il est indispensable de réunir des expertises différentes (techniques, éthiques, légales, etc.).

---

6. Philosophie commune et vision partagée

6.1. Focus sur la "sécurité" et l'"alignement" de l'IA

- Depuis sa création, Anthropic met l'accent sur le concept d'**alignement**□ : comment s'assurer que les modèles d'IA

reflètent réellement les valeurs et les intentions humaines, et ne génèrent pas de conséquences indésirables.
- Les fondateurs, forts de leur expérience chez OpenAI, ont voulu créer une structure où ces questions seraient au cœur même de la R&D et non simplement un "ajout" en fin de chaîne.

6.2. Recherche ouverte, mais prudente

- Anthropic se positionne dans la continuité de la démarche "open" en IA, en publiant une partie de ses recherches dans des revues scientifiques et en mettant à disposition certains outils ou préprints.
- Néanmoins, l'entreprise reste attentive à la **gestion des risques** : la transparence est souhaitée, mais sans ignorer les problèmes de sécurité potentiellement liés à la diffusion incontrôlée de modèles trop puissants.

6.3. Le rôle de la culture d'entreprise

- Daniela Amodei, en particulier, veille à instaurer une culture d'entreprise qui valorise la collaboration, la prise en compte des questions éthiques à tous les niveaux, et la coopération avec d'autres acteurs du secteur (universités, ONG, etc.).
- Les fondateurs estiment que la **coopération internationale** et l'**échange de bonnes pratiques** sont cruciaux pour assurer un développement responsable de l'IA.

7. Conclusion

Les fondateurs d'Anthropic, essentiellement issus d'OpenAI (Dario et Daniela Amodei, Jack Clark, etc.), se distinguent par une expérience conséquente dans le domaine des **grands modèles de langage**, de la **recherche en sécurité de l'IA** et de la **politique publique**.
Leur volonté commune, nourrie par leurs parcours et leurs réflexions, est de construire une entité focalisée sur la **sûreté**, la

responsabilité et l'**efficacité** de l'IA, en poussant les limites de la recherche tout en restant conscients des enjeux éthiques et sociétaux.

Cette vision se concrétise aujourd'hui à travers les travaux d'Anthropic sur l'**alignment**, la réduction des **biais**, la compréhension avancée du **comportement** des IA et l'exploration de nouvelles approches pour des modèles plus robustes et mieux contrôlés.

Vision, valeurs et éthique à l'origine d'Anthropic.

1. Contexte : la nécessité d'une IA centrée sur la sécurité et l'éthique

1.1. L'urgence d'aborder les risques liés aux grands modèles

- À mesure que les techniques de **deep learning** et que les **modèles de langage** (Large Language Models) ont progressé, les **risques potentiels** associés à ces IA puissantes sont devenus plus évidents (désinformation, biais, manque de transparence).
- Les fondateurs d'Anthropic, en quittant OpenAI, souhaitaient bâtir une structure où la question de la **sécurité** et de l'**alignment** (alignement des modèles sur les valeurs humaines) ne soit pas reléguée au second plan, mais devienne le **cœur** même de la stratégie de recherche.

1.2. Des valeurs déjà présentes chez les fondateurs

- Dario Amodei, par exemple, avait mené des recherches approfondies chez OpenAI sur la sûreté de l'IA, publiant plusieurs travaux sur la **prévention des comportements inattendus** et des "biais" susceptibles d'émerger dans les modèles.
- Les autres cofondateurs (ex. Jack Clark, Daniela Amodei) partageaient la conviction que le domaine de l'IA nécessitait une **gouvernance** plus transparente et une **approche éthique** prenant en compte les impacts sociétaux.

2. La vision d'Anthropic : l'IA au service du bien commun

2.1. Promouvoir le "long-termisme"

- Anthropic s'inscrit dans un courant de pensée souvent appelé **"long-termisme"**, qui consiste à intégrer **les conséquences à long terme** des innovations, plutôt que de se limiter aux bénéfices immédiats.
- Dans cette optique, on considère non seulement l'usage commercial ou pratique de l'IA, mais aussi les externalités négatives, les **dérives potentielles** et l'influence des systèmes intelligents sur la société dans plusieurs années ou décennies.

2.2. Faire de la sûreté un pilier fondateur

- Contrairement à certaines entreprises centrées avant tout sur la **performance** ou l'**accélération** de modèles toujours plus grands, Anthropic met l'accent sur la **fiabilité**, la **sécurité** et la **capacité d'explication**.
- Leur vision est que la **robustesse** d'un modèle, son **intégrité**, et sa **capacité à respecter les contraintes éthiques** (notamment en évitant les discours haineux ou en limitant la propagation de contenus dangereux) sont aussi importantes que l'innovation technologique pure.

2.3. Bâtir une IA de confiance

- L'un des objectifs majeurs d'Anthropic est de **gagner la confiance du public** et des utilisateurs.
- Ils travaillent sur des concepts comme l'**AI alignment** (aligner les objectifs de l'IA sur ceux de la société humaine) et l'**AI interpretability** (comprendre comment et pourquoi un modèle prend certaines décisions).
- Il s'agit de garantir que, à mesure que les modèles gagnent en puissance, ils restent sous **contrôle humain** et ne s'écartent pas des normes acceptées (éthiques, légales, culturelles, etc.).

---

3. Les valeurs au cœur d'Anthropic

3.1. Responsabilité et prudence

- Anthropic défend une approche de la recherche qualifiée de "**responsable**", ce qui implique d'évaluer en continu les **risques** liés à la publication de nouveaux modèles ou de nouvelles découvertes.
- L'entreprise souhaite éviter les erreurs du passé (par exemple, la diffusion non maîtrisée de technologies IA qui pourraient générer de la désinformation ou être exploitées de manière malveillante).
- Cette **prudence** se manifeste dans la façon dont Anthropic partage ou non ses travaux□ : ils cherchent à faire progresser la recherche tout en pesant les conséquences de chaque publication.

3.2. Transparence et redevabilité

- Bien que la sécurité prime, Anthropic n'entend pas évoluer dans la **clandestinité** ou la rétention d'informations□ : ils prônent la "**transparence raisonnée**".
- L'équipe publie régulièrement des articles de recherche, participe à des conférences majeures (NeurIPS, ICML, ICLR) et entretient un **dialogue** avec la communauté scientifique, les régulateurs et le grand public.
- La notion de **redevabilité** (accountability) est aussi importante : ils estiment que, si une technologie d'IA a des conséquences néfastes, il doit y avoir des **mécanismes de contrôle** et des **responsables identifiés**.

3.3. Collaboration et interdisciplinarité

- Les fondateurs insistent sur la **coopération** avec d'autres laboratoires et acteurs, tant académiques qu'industriels.
- Le sujet de la sécurité et de l'éthique de l'IA n'est pas qu'une question purement technique□ : Anthropic intègre des profils en **sciences humaines**, en **philosophie**, en **droit** ou en **politiques publiques** pour assurer une vision **globale** et **pluridisciplinaire**.

3.4. Innovation orientée vers le bénéfice social

- Pour Anthropic, développer des modèles plus puissants n'a de sens que s'ils servent **des finalités bénéfiques** : amélioration des outils éducatifs, optimisation des services de santé, aide à la prise de décision en environnement complexe, etc.
- Cette logique s'inscrit dans la lignée d'une IA considérée comme un **bien public**, au même titre que d'autres avancées scientifiques majeures (vaccins, découvertes fondamentales).

4. L'éthique à l'origine de la R&D d'Anthropic

4.1. L'AI Alignment comme priorité scientifique

- L'**alignment** (alignement) consiste à faire en sorte que les modèles de langage et les autres systèmes IA adoptent un comportement cohérent avec les intentions humaines "positives" (éviter des réponses inappropriées, ne pas amplifier les stéréotypes, etc.).
- Anthropic investit particulièrement dans le développement de **mécanismes de supervision** qui permettent de détecter et corriger les déviations comportementales indésirables (hallucinations, incitation à la violence, etc.).
- Pour ce faire, l'entreprise étudie des approches telles que le **"Constitutional AI"** (ou IA constitutionnelle), qui consiste à doter les modèles de règles ou principes directeurs modulables, inspirés de référentiels éthiques ou légaux.

4.2. Gestion du langage et modération

- Les modèles de langage comme Claude, développés par Anthropic, sont soumis à des **systèmes de modération** visant à filtrer le contenu inapproprié.
- L'idée est d'**encadrer** l'apprentissage et l'usage de ces modèles pour limiter la génération de contenu haineux, violent, ou illégal, tout en respectant la liberté d'expression et la diversité culturelle.

- Cela nécessite des outils de **détection** de contenu problématique, des algorithmes d'**évaluation continue**, et des équipes dédiées au "policy" et au support utilisateurs.

4.3. Réduire les biais et favoriser l'équité

- Comme de nombreux acteurs du deep learning, Anthropic reconnaît la présence de **biais** inhérents aux données d'entraînement (biais de genre, de race, etc.).
- Dans son éthique de conception, l'entreprise met l'accent sur la **sélection des données**, la **réduction des biais** et la **transparence** quant aux limites de ses modèles.
- L'objectif est de **minimiser** l'impact négatif sur les populations minorisées et d'éviter que l'IA ne perpétue ou ne renforce des discriminations existantes.

---

5. Mise en pratique : de la théorie à la culture d'entreprise

5.1. Culture interne et gouvernance

- Anthropic s'est dotée d'une **structure de gouvernance** veillant à ce que les décisions stratégiques (quelle ligne de code publier□? quels modèles libérer□?) soient passées au crible d'une analyse d'impact.
- Les équipes travaillent main dans la main avec des experts extérieurs (universitaires, ONG, organismes de réglementation) afin de confronter leurs choix aux **exigences éthiques** et aux **normes sociales**.
- Les employés sont encouragés à **soulever** des questions de sûreté ou de responsabilité s'ils en identifient dans le cadre de leurs missions.

5.2. Transfert des connaissances et engagement communautaire

- Au-delà de la R&D, Anthropic participe à des **forums de discussion**, des **workshops** spécialisés, et des **comités** internationaux de réflexion sur la réglementation de l'IA.
- L'entreprise cherche à contribuer à la formation de la **prochaine génération** de chercheurs et d'experts en alignement, par la publication d'articles et l'encouragement de la recherche en open source (lorsque c'est jugé approprié au niveau de la sécurité).

---

6. Conclusion : vers une IA résolument responsable

La **vision** d'Anthropic, portée par ses fondateurs (Dario et Daniela Amodei, Jack Clark, etc.), repose sur l'idée que l'IA doit être **conçue**, **développée** et **déployée** avec une conscience aiguë de ses impacts à court et long terme.

Leurs **valeurs** et leur **éthique** s'articulent autour de la **sécurité**, de la **transparence raisonnée**, de l'**alignement** et de la **responsabilité**, dans une démarche visant à maximiser les **bénéfices** pour la société tout en **minimisant** les risques.

En privilégiant l'**interdisciplinarité** et la **coopération**, Anthropic entend poursuivre ses travaux sur les grands modèles de langage et autres solutions IA en tenant compte de la complexité du monde réel, pour que l'IA demeure un outil au **service** de l'humain et non un facteur de désordre ou d'inégalités renforcées.

Les principaux projets et la raison d'être de l'entreprise.

1. Raison d'être générale : l'IA au service de l'humanité, sous le signe de la sécurité

1.1. La volonté d'éviter les dérives de l'IA

- Anthropic a été fondée pour **anticiper et atténuer** les risques associés à une IA de plus en plus puissante.
- Les dirigeants souhaitent que les modèles, à mesure qu'ils évoluent, demeurent **alignés** sur les valeurs humaines (respect, sécurité, équité, transparence) plutôt que de servir des usages néfastes, voire de se comporter de manière imprévisible.

1.2. Une approche d'« alignment » intégrée dès la conception

- Alors que beaucoup d'entreprises s'intéressent d'abord aux performances des modèles, Anthropic met la **sécurité** et l'**alignment** au cœur de chaque projet.
- L'idée est de créer des IA utiles, dénuées (autant que possible) de biais ou de comportements dangereux, et capables de justifier ou expliquer leurs choix.

1.3. Se focaliser sur la recherche fondamentale et la mise en application

- Contrairement à une structure purement académique, Anthropic conserve une dimension **entrepreneuriale**, proposant des outils ou des services exploitables par d'autres organisations.
- Elle garde néanmoins une forte composante **fondamentale**, car la sûreté de l'IA et l'interpretability (explicabilité) sont encore des domaines en pleine exploration, nécessitant beaucoup de R&D.

2. Les principaux projets et axes de recherche

2.1. Claude : le grand modèle de langage d'Anthropic

2.1.1. Présentation de Claude

- **Claude** est l'un des produits phares d'Anthropic, un **Large Language Model (LLM)** développé dans la lignée des architectures de type Transformer.
- Il se positionne comme un assistant conversationnel, capable de comprendre les requêtes d'utilisateurs et de fournir des réponses plus ou moins complexes ou nuancées, selon le contexte.

2.1.2. Spécificités de Claude

- Anthropic a insisté sur des mécanismes de **filtrage** et de **réduction des biais** intégrés dès le départ, cherchant à éviter la génération de contenus violents, discriminatoires ou autrement inappropriés.
- Claude intègre des avancées issues de la recherche sur l'**alignment** : l'utilisation de "**Constitutional AI**" (IA constitutionnelle) ou d'autres approches permettant de fixer des **principes directeurs** sur la façon dont le modèle doit répondre (ex. règles éthiques ou légales).
- Le modèle a été entraîné pour être **coopératif** et **limiter les risques de mauvaises utilisations**, tout en restant performant dans de nombreux domaines (conseil, recherche, rédaction, etc.).

2.1.3. Cas d'usage ciblés

- Outils de **service client** : répondre automatiquement à des demandes ou interrogations courantes.
- Aide à la **rédaction** (textes, articles, documents techniques).
- **Synthèse** et **analyse** de gros volumes de données textuelles, pour faciliter la veille ou la recherche.
- **Expérimentation** en environnement contrôlé pour tester des mécanismes de sûreté et d'alignment à plus grande échelle.

2.2. Recherche en AI Safety (sécurité et alignment)

2.2.1. Études sur la "robustesse" des modèles

- Anthropic consacre des ressources à évaluer dans quelle mesure les grands modèles de langage peuvent être **manipulés** ou incités à produire des réponses dangereuses (ex. conseils illégaux, discours haineux).
- L'idée est de concevoir des **contre-mesures** (filtrage, supervision, apprentissage par renforcement, mise à jour de la "constitution" du modèle) afin de **prévenir** ces dérives.

2.2.2. Développement de protocoles d'évaluation

- En plus des méthodes classiques (tests de précision, de perplexité, etc.), Anthropic expérimente des **protocoles d'évaluation éthique** :
  o Tests en situation "extrême", où l'utilisateur cherche volontairement à **pousser la machine** vers des comportements incorrects.
  o **Audit** interne et externe pour vérifier la conformité du modèle avec les principes déclarés (à travers des "red teams" spécialisées).

2.2.3. Recherche sur l'interpretability (explicabilité)

- Anthropic s'intéresse aux techniques destinées à **expliquer** comment un modèle de langage en est arrivé à une réponse donnée, même si la technologie des Transformers reste complexe et souvent opaque.
- Les chercheurs cherchent à développer des outils d'**analyse neuronale** ou de **visualisation** des interactions internes du modèle, dans le but d'identifier les schémas d'apprentissage et les éventuels **biais structurels**.

2.3. Constitutional AI et autres cadres de gouvernance

2.3.1. Principe de l'IA constitutionnelle

- La notion de "**Constitutional AI**" consiste à doter le modèle d'un **ensemble de règles** ou de principes (une "constitution") qui guident son comportement, par exemple : "respecter la dignité humaine, respecter la loi, privilégier la véracité, etc."
- L'objectif est de **contraindre** le système à suivre des "normes" explicites, plutôt que de se contenter d'une optimisation purement statistique.

2.3.2. Collaboration avec la communauté et les régulateurs

- Anthropic travaille avec des **juristes**, des **philosophes**, des **ONG** et d'autres acteurs pour définir quels principes devraient être inclus dans cette constitution.
- L'ambition est que, à terme, ces cadres servent de **référence** pour l'ensemble de l'industrie, un peu comme les **standards** de sécurité pour les appareils électroniques.

2.4. Outils de modération et d'audit des contenus

2.4.1. Modèles spécialisés pour la détection de contenus problématiques

- Anthropic développe ou utilise des **modèles annexes** (classifieurs) destinés à détecter automatiquement les catégories de texte à risque (violence, haine, pornographie, désinformation, etc.).
- Ces filtres peuvent fonctionner en amont ou en aval de Claude, ou d'autres grands modèles, et déclencher des **réponses adaptées** (avertissement, refus de traitement, etc.).

2.4.2. Audits indépendants et "Red Teaming"

- L'entreprise encourage des **équipes externes** ("Red Teams") à tester Claude ou ses modèles de recherche, en essayant de **détourner** le système ou de l'amener à fournir des réponses nocives.
- Les conclusions de ces audits permettent d'**améliorer** les filtres, de peaufiner la constitution de l'IA, et de partager des **bonnes pratiques** avec d'autres organismes.

2.5. Collaboration et open research

2.5.1. Travaux de recherche publiés en conférences

- Anthropic publie régulièrement des articles dans des conférences de renom (NeurIPS, ICML, ICLR, etc.) ou sur des serveurs de pré-publication (arXiv), en se concentrant particulièrement sur les sujets de **sûreté**, d'**alignment**, et de **grands modèles de langage**.
- Cette ouverture participe à l'**effort collectif** de la communauté IA pour mieux comprendre et maîtriser les modèles de nouvelle génération.

2.5.2. Partenariats avec d'autres institutions

- Des collaborations sont établies avec des **universités** (Stanford, Berkeley, etc.), ou des entreprises partageant des préoccupations similaires en matière de responsabilité (notamment sur le volet modération et limites de la puissance de calcul).
- L'idée est de **mutualiser** les compétences et de diffuser la **culture** de la sûreté et de l'éthique de l'IA au plus grand nombre.

3. Comment ces projets traduisent la raison d'être d'Anthropic

3.1. Fusion entre innovation et responsabilité

- Anthropic ne se contente pas de développer un nouveau chatbot ou un nouveau modèle de langage□ : elle cherche à **intégrer systématiquement** les considérations de sûreté, d'alignement et d'équité dans ses travaux.
- Chaque projet (que ce soit Claude, Constitutional AI, les outils de modération, etc.) s'inscrit dans la **mission** fondatrice : construire une IA bénéfique, contrôlée, qui tienne compte des valeurs humaines.

3.2. Des solutions concrètes pour l'industrie et la société

- Les **entreprises** ou organismes qui utilisent les services d'Anthropic peuvent bénéficier de **modèles déjà conçus** pour se prémunir des risques de dérive de l'IA.
- Cela répond à une demande croissante des clients et du public, soucieux de la **responsabilité** des outils qu'ils intègrent dans leurs processus.

3.3. Influence sur la gouvernance mondiale de l'IA

- À travers son implication dans des groupes de réflexion, son dialogue avec les **instances réglementaires** (gouvernements, commissions spécialisées), Anthropic entend **façonner** la manière dont la société civile et les décideurs abordent les questions de l'IA puissante.
- Cette volonté d'**éduquer** et d'**inspirer** la communauté dépasse le simple champ commercial□ : c'est un investissement dans l'**avenir** de l'IA et son impact sur l'humanité.

4. Conclusion

La **raison d'être** d'Anthropic est clairement de créer une **intelligence artificielle sûre, alignée** et **transparente**, en mettant en priorité l'**éthique** et l'**impact sociétal** dans toutes les phases de recherche et de développement.
Pour concrétiser cette vision, l'entreprise se concentre sur plusieurs **projets clés** :

- **Claude**, son grand modèle de langage, conçu dès l'origine pour minimiser les risques de discours malveillant ou biaisé.
- Des **recherches** approfondies sur l'**alignment**, la **robustesse** et l'**interpretability**.
- L'élaboration d'une **IA constitutionnelle** et de **protocoles de modération** avancés.
- La **collaboration** avec la communauté scientifique, les instances publiques et le secteur privé pour partager les bonnes pratiques et contribuer à l'évolution des normes éthiques.

En somme, le positionnement d'Anthropic se situe à l'interface entre l'innovation de pointe en IA et la responsabilité nécessaire pour préserver l'intérêt général, ancrant son action dans une ambition à long terme□ : faire de l'IA un outil réellement **constructif** pour la société.

Chapitre 3 : Présentation de Claude

Qu'est-ce que Claude□? Son rôle et ses principales caractéristiques.

1. Définition et positionnement de Claude

1.1. Un modèle de langage de type LLM (Large Language Model)

- **Claude** est un **grand modèle de langage** (Large Language Model, ou LLM), basé sur des technologies similaires aux Transformers (par exemple GPT, BERT, etc.).
- Comme ses homologues, Claude est entraîné sur d'**immenses corpus de texte** afin d'apprendre des **représentations linguistiques** riches et de **générer** des réponses cohérentes et adaptées au contexte.

1.2. Créé par Anthropic dans une optique de sûreté

- Claude se distingue en particulier par le fait qu'il est conçu dès le départ avec un **focus** sur la **sécurité** et l'**alignment** (alignement sur les valeurs humaines).
- Anthropic, dans sa culture d'entreprise, insiste sur les mécanismes qui **réduisent** la probabilité que le modèle produise des contenus inappropriés, violents, haineux ou mensongers.
- Le nom "Claude" fait référence à un projet interne qui vise un assistant conversationnel plus **fiable** et **responsable** que d'autres modèles de langage généralistes.

1.3. Une réponse à la demande croissante pour des IA «□responsables□»

- Plusieurs industries et entreprises recherchent des systèmes IA capables d'interagir de manière **naturelle** et **productive**, tout en évitant les problèmes éthiques.
- Claude se positionne comme un **assistant conversationnel** suffisamment polyvalent pour être intégré dans des applications variées (service client, création de contenu, outils d'analyse…), avec l'avantage d'un **filtrage** et d'un **contrôle** plus poussés.

2. Rôle clé de Claude dans l'écosystème Anthropic

2.1. Un terrain d'expérimentation pour la recherche sur l'alignment

- Au-delà du simple déploiement commercial, Claude sert de **plateforme de test** pour les concepts élaborés par l'équipe d'Anthropic :
  - **Constitutional AI** (IA constitutionnelle), où des règles éthiques explicites sont intégrées dans l'entraînement et l'inférence.
  - **Techniques de modération** (filtres automatiques, détection de contenu sensible).
  - **Outils d'audit** (red teams, protocoles de stress test).
- Les retours d'expérience sur Claude permettent de peaufiner ces approches et de publier des résultats de recherche sur l'**IA safety**.

2.2. Un assistant conversationnel pour différents secteurs

- Claude peut être **adapté** à diverses industries :
  - **Service client** : répondre aux requêtes des utilisateurs, proposer des solutions à des problèmes courants.
  - **Outils de rédaction** : générer des textes, synthèses, résumés, etc.
  - **Recherche et analyse** : extraire des informations d'un large corpus documentaire, assister des analystes.

- Il se veut donc à la fois un **produit** pour l'entreprise (générer des revenus via des partenariats ou une API) et un **laboratoire** pour de futures innovations technologiques.

2.3. Mise en avant de la transparence et de la robustesse

- Anthropic communique régulièrement sur les **limites** de Claude et les efforts entrepris pour **améliorer** sa fiabilité.
- L'entreprise s'engage à mettre à jour le modèle de manière itérative (Claude v1, v2, etc.), en tenant compte des **retours des utilisateurs** et de la communauté scientifique.

---

3. Principales caractéristiques techniques de Claude

3.1. Base technologique : le Transformer amélioré

- Comme la plupart des LLM modernes, Claude repose sur une **architecture de type Transformer**, introduite par l'article "Attention is All You Need" (Vaswani et al., 2017).
- Anthropic a développé des **variantes** et des **optimisations** spécifiques, probablement au niveau du mécanisme d'attention, de la taille du réseau ou de la manière d'initialiser les poids.
- Les détails complets ne sont pas toujours entièrement publics, mais certaines publications évoquent des **subtilités** dans la façon dont Claude gère le **contexte conversationnel** (memories, attention context plus large, etc.).

3.2. Focus sur le "Constitutional AI"

- L'un des apports majeurs d'Anthropic est la notion d'**IA constitutionnelle**. Concrètement, au lieu de se contenter de punir (ou de "récompenser") le modèle au fil de l'apprentissage par renforcement, on introduit un **ensemble de principes** (une "constitution") que le modèle s'efforce de respecter.

- Cette constitution peut inclure des **règles éthiques**, des **considérations légales**, ou d'autres contraintes reflétant les valeurs qu'Anthropic souhaite préserver.
- Claude, au moment de fournir des réponses, prend donc en compte ces principes pour **ajuster** ou **recadrer** sa génération, ce qui le différencie de modèles entraînés de manière plus "naïve".

3.3. Taille et jeux de données

- Claude serait comparativement **proche** en taille et en complexité de grands modèles comme GPT-3.5 ou GPT-4, même si Anthropic n'a pas toujours révélé de chiffre exact.
- Les jeux de données incluent d'importants volumes de **textes web**, mais aussi des **sources spécialisées** (articles scientifiques, textes légaux, manuels techniques).
- Un soin particulier est apporté à la **curation** et au **filtrage** de ces données, pour diminuer la présence de contenus toxiques ou de mauvaise qualité.

3.4. Filtrage et modération

- Au cœur de Claude se trouve un **module de modération** sophistiqué, permettant de **détecter** et **bloquer** (ou reformuler) les requêtes à contenu sensible (violence explicite, discours haineux, incitation à la drogue ou au terrorisme, etc.).
- Cela aide à **protéger** l'utilisateur contre des dérapages imprévus et rend le modèle plus approprié à une utilisation en entreprise (où la réputation et la conformité réglementaire sont cruciales).

3.5. Performances et benchmarks

- Bien que Claude ne soit pas toujours mesuré dans tous les **benchmarks** publics (ex. MMLU, SuperGLUE, etc.), Anthropic indique que le modèle **rivalise** avec d'autres LLM d'envergure.
- Des retours d'utilisateurs soulignent sa **qualité rédactionnelle**, sa **capacité de synthèse** et son **style conversationnel** jugé souvent plus "diplomatique" ou "pondéré" que certains concurrents.

- Comme tout modèle, Claude peut cependant **halluciner** (inventer des informations), et Anthropic travaille à réduire ce phénomène via des techniques de vérification interne.

---

4. Cas d'usage de Claude et avantages pour les utilisateurs

4.1. Interaction conversationnelle fluide

- Claude est conçu pour maintenir un **fil de discussion** cohérent, se souvenir du contexte fourni par l'utilisateur et **adapter** sa réponse en conséquence.
- Il se montre particulièrement utile pour des **questions ouvertes** ou des tâches de **création de texte**, où la précision et la clarté sont essentielles.

4.2. Aide à la modération et la conformité

- Grâce à ses mécanismes de **filtres intégrés**, Claude peut être déployé dans des environnements sensibles (ex. plateforme d'éducation, support en ligne).
- Les organisations évitent ainsi de recourir à des solutions externes de modération et bénéficient d'un modèle déjà configuré pour **limiter** les risques de dérive verbale ou de contenu illicite.

4.3. Développement éthique de produits basés sur l'IA

- Les entreprises qui attachent de l'importance à l'**éthique** et à la **responsabilité** de l'IA peuvent trouver en Claude un **partenaire** plus aligné sur ces principes.
- L'usage d'une IA "blanche" (responsable, testée, mesurée) devient un **avantage concurrentiel** sur un marché où les clients et les régulateurs sont de plus en plus vigilants quant aux biais et aux discours toxiques.

5. Limites et défis à relever

5.1. Complexité du maintien à grande échelle

- Comme tout LLM, Claude requiert d'importantes ressources de calcul (GPU, TPU, etc.) pour l'**entraînement** et parfois aussi pour l'**inférence**.
- Anthropic travaille sur des méthodes d'**optimisation** pour proposer un service plus rentable et accessible, tout en conservant la **puissance** du modèle.

5.2. Persistance de biais et possibilité d'hallucinations

- Malgré les efforts de filtrage, il est quasiment impossible d'éliminer **tous** les biais, notamment ceux véhiculés par les **données** d'entraînement.
- Claude peut encore générer des réponses **erronées** ou **imprécises** sur certains sujets, et un travail continu d'affinage (fine-tuning, supervision) est requis.

5.3. Adaptation aux spécificités régionales ou culturelles

- Les principes éthiques intégrés dans Claude sont généralement formulés d'après un **point de vue occidental** (légal et culturel).
- L'entreprise doit veiller à les **adapter** ou les **personnaliser** pour d'autres contextes où les **normes** et **sensibilités** peuvent différer.

6. Conclusion

Claude est le **grand modèle de langage** d'Anthropic, incarnant la philosophie de l'entreprise□ : mettre l'**alignment**, la **sécurité** et l'**éthique** au premier plan.

- Sur le plan **technique**, il s'appuie sur une architecture de type Transformer, enrichie de mécanismes de **constitution** (règles directrices) et de **modération** avancée.
- Sur le plan **fonctionnel**, Claude s'adresse à un large éventail d'applications□ : support client, rédaction, recherche, assistance conversationnelle, avec l'avantage de fournir des réponses plus **responsables** et **fiables** que d'autres systèmes moins régulés.
- Sur le plan **recherche**, Claude sert de **plateforme** pour tester les avancées d'Anthropic en matière de sûreté (AI Safety) et de gouvernance de l'IA, contribuant à façonner la **pratique** et la **réglementation** d'une IA plus vertueuse.

Au final, Claude illustre bien l'**ambition** d'Anthropic□ : prouver qu'il est possible de pousser toujours plus loin les limites de l'IA tout en **réduisant** les risques de dérives, afin de répondre aux besoins réels des utilisateurs et de la société.

Les défis techniques relevés lors de son développement.

1. La collecte et la curation des données d'entraînement

1.1. L'ampleur du corpus à assembler

- Comme tout modèle de langage de grande envergure, Claude nécessite un **volume considérable de données textuelles**.
- Il s'agit de textes provenant de sources diverses□ : pages web, articles de presse, ouvrages numérisés, documents académiques, forums, etc.
- La **taille** du corpus peut atteindre des centaines de gigaoctets ou plus (souvent plusieurs téraoctets), ce qui implique des **défis logistiques** (stockage, organisation, accès rapide).

1.2. Le filtrage et la qualité des données

- L'une des ambitions d'Anthropic est de limiter les **biais** et les **contenus toxiques** dans Claude. Cela nécessite un **filtrage fin** des documents :
  - Suppression ou étiquetage des textes comprenant un vocabulaire haineux, violent, ou explicitement illégal.
  - Identification de contenus dupliqués ou de faible qualité (spam, documents trivialisés), susceptibles de perturber l'apprentissage.
- Cette étape de tri est particulièrement **délicate** : trop de filtrage peut appauvrir la diversité du corpus, alors qu'un filtrage insuffisant accroît les risques de comportements indésirables du modèle.

1.3. L'hétérogénéité linguistique et culturelle

- Même si l'anglais domine généralement dans les ensembles de données, Claude est souvent amené à gérer plusieurs langues ou registres culturels.
- La **cohérence** du modèle, son respect des nuances linguistiques, et l'**éviction** de généralisations erronées constituent des défis permanents.
- Anthropic doit décider jusqu'à quel point inclure des langues minoritaires ou spécialisées, tout en préservant des performances satisfaisantes en anglais (ou dans la langue ciblée).

2. L'entraînement d'un LLM à grande échelle

2.1. L'infrastructure matérielle : GPU, TPU et clusters

- Former Claude implique des **ressources de calcul** très élevées.
- Il est courant d'utiliser des clusters de **GPU** (NVIDIA) ou de **TPU** (Google) pour accélérer la multiplication matricielle nécessaire au fonctionnement des réseaux de neurones.

- Des **dizaines** ou **centaines** de nœuds peuvent être mobilisés en parallèle, exigeant une solide **orchestration** (distribution des données, synchronisation des gradients, gestion des pannes).
- Les coûts liés à la consommation électrique et à la location/purchase de ces ressources sont significatifs.

2.2. La complexité de l'architecture Transformer

- Les modèles basés sur l'architecture **Transformer** (mécanismes d'auto-attention) ont une complexité algorithmique élevée, surtout pour de longs contextes (séquences textuelles volumineuses).
- Cette complexité croît parfois de manière **quadratique** avec la taille de la séquence, imposant des **optimisations** (sparsité, noyaux spécialisés, etc.).
- Anthropic peut recourir à des innovations de type **FlashAttention** ou **Sparse Attention** pour maîtriser la consommation mémoire et réduire le temps de calcul.

2.3. Les problèmes de convergence (stabilité de l'entraînement)

- À mesure que la **taille** (nombre de paramètres) du modèle augmente, les difficultés pour assurer une **convergence stable** grandissent :
  - Risques de **vanishing** ou **exploding gradients** qui brisent l'apprentissage.
  - Ajustement minutieux du **taux d'apprentissage**, du **scheduler** et des **hyperparamètres** (taille du batch, normalisation, etc.).
- Trouver les bons réglages requiert d'importantes **itérations** expérimentales et un suivi rigoureux des métriques (perplexité, cross-entropy, etc.).

2.4. La gestion du "catastrophic forgetting" et du "continual learning"

- Lorsqu'on ajoute progressivement de nouvelles données (par exemple, pour mettre à jour des connaissances sur l'actualité), les modèles de langage risquent d'**oublier** une partie de ce qu'ils ont appris auparavant.

- Anthropic doit mettre en place des **stratégies** de "continual learning" ou de "fine-tuning sélectif" pour garantir que Claude conserve ses compétences passées tout en intégrant les informations fraîches.
- Les techniques de type **"mix de replay"** ou **"régularisation à long terme"** peuvent être testées.

---

3. Les défis de l'IA constitutionnelle et de l'alignement

3.1. Définir et maintenir une "constitution" du modèle

- L'approche de "**Constitutional AI**" développée par Anthropic consiste à intégrer un **ensemble de principes directeurs** dans l'architecture ou la phase d'apprentissage.
- Cela requiert de **formaliser** des valeurs telles que le respect, la véracité, la non-incitation à la haine, etc.
- La difficulté réside dans la **traduction** de ces principes en mécanismes concrets : comment rédiger ces règles ? Comment hiérarchiser des principes éventuellement conflictuels (ex. liberté d'expression vs. prévention des discours haineux) ?

3.2. Le renforcement par feedback humain et le réglage fin

- Pour s'assurer que Claude reste aligné sur des comportements sûrs, Anthropic peut recourir à du **reinforcement learning from human feedback** (RLHF) ou à des approches similaires.
- Les évaluateurs humains attribuent des **récompenses** ou des **pénalités** aux réponses du modèle selon qu'elles respectent la "constitution" ou non.
- La mise en place d'un tel système est complexe :
  o Il faut **recruter** et **former** les annotateurs,

- ○ **Concevoir** des protocoles de labellisation fiables,
- ○ Gérer l'**ambiguïté** de certains sujets, où la bonne réponse peut dépendre du contexte culturel ou légal.

3.3. La réduction des biais

- Même avec une "constitution", Claude reste vulnérable aux **biais** présents dans les données d'entraînement.
- Anthropic doit constamment **monitorer** les réponses du modèle pour détecter les biais racistes, sexistes, ou discriminatoires.
- Des méthodes de "**debiasing**" (mesures de représentativité, sélection de données alternatives, re-annotation) sont indispensables, mais elles ne garantissent pas l'éradication totale des biais.

---

4. La modération et le filtrage en temps réel

4.1. Détection automatique des contenus sensibles

- Pour éviter que Claude ne génère ou relaie du contenu inapproprié, un **module de modération** évalue les prompts de l'utilisateur et/ou la réponse avant restitution.
- Les défis portent sur la **justesse** de cette détection : éviter les faux positifs (censure excessive) et les faux négatifs (laisser passer du contenu nocif).
- Les algorithmes doivent être **constamment mis à jour** afin de s'adapter aux évolutions du langage (nouvelles expressions, contournements créatifs des interdictions).

4.2. La gestion des escalades conversationnelles

- Un système conversationnel peut être **poussé** par l'utilisateur dans des domaines sensibles : demande de conseils illégaux, propos haineux, etc.

- Claude doit être en mesure de reconnaître et de **refuser** ou **décliner** certains types d'interactions, tout en restant **policé** et **cohérent** : c'est un équilibre subtil.
- Les situations **ambiguës** (ex. discussion scientifique sur la toxicité d'une substance vs. incitation à la consommation) exigent une **compréhension contextuelle** fine.

5. L'interpretability et l'audit du modèle

5.1. Démêler la "boîte noire" des Transformers

- Comme d'autres LLM, Claude est en grande partie une "boîte noire" : on sait **comment** l'entraîner, on dispose de ses **poids**, mais **comprendre** la logique interne d'une réponse reste ardu.
- Les équipes d'Anthropic cherchent à développer des **outils d'interpretability** :
  o Visualisation de l'attention.
  o Analyse des "couches neuronales" pour voir où sont stockées les informations.
  o Techniques de "feature attribution" (saliency maps, etc.).
- Les objectifs : **détecter** les sources d'erreur, **repérer** d'éventuels comportements non conformes, et **améliorer** la confiance des utilisateurs.

5.2. Les "red teams" et les audits indépendants

- Dans l'optique de découvrir des failles ou des vulnérabilités, Anthropic invite des "**red teams**" (experts externes) à tester le modèle de manière agressive.
- Ces experts tentent de **pousser** Claude à enfreindre sa constitution, à énoncer des propos discriminatoires, à divulguer des informations interdites, etc.
- Les retours de ces audits aident à **renforcer** la robustesse du système et à déterminer les prochains chantiers de R&D (ex. amélioration des filtres, réécriture des principes constitutionnels).

6. L'itération constante et la mise à jour en production

6.1. Déploiement progressif

- Anthropic ne déploie pas Claude dans le monde réel en une seule fois. L'entreprise privilégie souvent des **phases pilotes** ou des **bêta-tests** auprès d'utilisateurs triés sur le volet.
- Cela permet d'identifier, à moindre échelle, les **cas limites** et de recevoir des **feedbacks** plus précis sur la satisfaction utilisateur.

6.2. Maintenance et suivi post-déploiement

- Une fois Claude proposé via une **API** ou intégré dans des produits, Anthropic doit gérer les **mises à jour** (nouveaux poids, correctifs, ajustements de l'interface conversationnelle).
- Les retours des clients (logs anonymisés, rapports de problèmes) alimentent un cycle d'**amélioration continue**.
- S'ajoutent les obligations légales (RGPD ou autres réglementations), qui imposent parfois une **traçabilité** des données et la possibilité d'**effacer** des informations personnelles.

---

7. Synthèse : un challenge multidimensionnel

Le développement de Claude confronte Anthropic à une **série de défis techniques complexes**, qui se situent à l'intersection de la **science des données**, de l'**infrastructure HPC**, de l'**ingénierie logicielle** et de la **recherche en IA responsable**. On peut récapituler ces défis de la façon suivante :

1. **Collecte et filtrage de données** : veiller à la qualité et à la diversité du corpus sans laisser passer trop de contenus problématiques.

2. **Entraînement à grande échelle** : gérer la distribution des calculs, optimiser la convergence et maîtriser les coûts.
3. **Approches d'alignment** : définir, formaliser et faire respecter des principes de sécurité, via la "constitution" et l'apprentissage par feedback humain.
4. **Modération et filtrage en temps réel** : détecter les abus, refuser certaines requêtes et préserver la cohérence conversationnelle.
5. **Interpretability et audit** : comprendre les raisons d'une réponse, identifier les biais, et dénicher les failles potentielles via des red teams.
6. **Cycle d'itération continu** : déploiement progressif, maintenance en production, respect des réglementations et adaptation aux usages réels.

Chacun de ces volets soulève son **lot de recherches** et d'innovations, faisant de Claude un **terrain d'expérimentation** où s'entrecroisent les enjeux de performances et ceux de la **responsabilité**. Pour Anthropic, ces défis sont à la fois des obstacles à surmonter et des opportunités de **pousser l'état de l'art** en matière d'IA sûre et éthique.

Sa place parmi les autres grands modèles de langage (comparaison avec GPT, BERT, etc.).

1. Brève présentation des autres grands modèles de langage

1.1. GPT (Generative Pre-trained Transformer) d'OpenAI

- **GPT**, décliné en plusieurs versions (GPT-1, GPT-2, GPT-3, GPT-4), repose sur un **transformer** orienté **auto-régression** : le modèle prédit le token suivant à partir du contexte précédent.
- GPT a démontré la puissance de l'**entraînement auto-supervisé** à large échelle, permettant l'émergence de capacités émergentes (reasoning, zéro-shot learning, génération de texte).
- Les versions les plus récentes, comme **GPT-4**, s'avèrent particulièrement polyvalentes, intégrant des mécanismes de **multimodalité** ou s'appuyant sur des **approches d'alignment** (reinforcement learning from human feedback, etc.).

1.2. BERT (Bidirectional Encoder Representations from Transformers) de Google

- **BERT** est un **modèle bidirectionnel** qui utilise un apprentissage masqué (masked language modeling).
- Plutôt que de générer du texte, BERT se concentre sur la **compréhension** et l'**analyse** du langage, se révélant très performant pour des tâches de **NLP** telles que la classification de textes, la reconnaissance d'entités nommées, etc.
- Il a marqué un tournant dans le traitement du langage naturel (en 2018-2019) en améliorant sensiblement les scores sur plusieurs benchmarks.
- À la différence de GPT, BERT n'est pas pensé comme un modèle conversationnel génératif à grande échelle, même s'il a inspiré de nombreuses variantes (RoBERTa, ALBERT, DistilBERT, etc.).

1.3. Autres modèles notables : PaLM, LLaMA, BLOOM, etc.

- **PaLM** (Google), **LLaMA** (Meta), ou encore **BLOOM** (projet BigScience) sont autant d'exemples de LLM de nouvelle génération, se rapprochant davantage du paradigme GPT (génératif, très grande taille).
- Certains mettent l'accent sur l'**efficacité** (moins de ressources pour l'inférence), d'autres sur l'**ouverture** (BLOOM est open source), ou encore la **spécialisation** (domaines techniques, langages régionaux).

---

2. Claude : un LLM multi-facettes et aligné sur la sûreté

2.1. Claude comme modèle conversationnel (type GPT-Chat)

- **Claude** est, à l'instar de GPT (ChatGPT, GPT-4), un modèle **génératif** orienté conversation.
- Il permet de gérer des **dialogues** avec les utilisateurs, de produire des textes cohérents, de fournir des explications, de prendre en compte l'historique du chat pour répondre de manière contextuelle.
- Sur ce point, Claude se rapproche davantage d'un **GPT-3.5** ou d'un **GPT-4** (dont la structure est celle d'un modèle auto-régressif) plutôt que d'un BERT purement bidirectionnel et conçu pour la compréhension.

2.2. Focalisation accrue sur l'"alignment" et la sécurité

- La spécificité majeure de Claude, par rapport à GPT, réside dans le **niveau d'attention** porté à la **sécurité** et à la **responsabilité** :

- o **Constitutional AI** : Les concepteurs de Claude intègrent un corpus de principes (une "constitution") directement dans le processus d'entraînement et d'inférence.
- o **Filtrage** plus strict : il vise à refuser ou réorienter les requêtes impliquant de la violence, de la haine, de la désinformation, etc.
- GPT, de son côté, intègre aussi des mécanismes de modération et un apprentissage par renforcement (RLHF) pour aligner le modèle, mais Anthropic a fait de l'**alignment** la pierre angulaire de sa stratégie, avec des approches légèrement différentes (dont la partie "constitutionnelle").

2.3. Approche technique : transformer "classique" vs. innovations internes

- Sous le capot, Claude ressemble aux modèles Transformers de pointe (GPT-4, etc.), reposant sur l'**auto-attention** et un entraînement à grande échelle.
- Il n'est pas (à la connaissance publique) basé sur un code source radicalement différent du standard "Transformer", mais Anthropic y ajoute ses **optimisations** et son **infrastructure** d'entraînement (similaire à OpenAI, Google Brain, etc.).
- Les détails complets (taille des embeddings, nombre de couches, dimension du feed-forward, etc.) ne sont pas toujours divulgués, de même que GPT-4 reste largement opaque.

3. Points de comparaison techniques et philosophiques

3.1. Taille et performances

- **Taille du modèle** :
- o GPT-3.5 avoisine les 175 milliards de paramètres, GPT-4 demeure non officiellement chiffré (on estime plus de 100 milliards, potentiellement dans les centaines).
- o BERT Large (340 millions de paramètres) est plus modeste, mais est un modèle "encoder-only".

- Claude se situe probablement dans la **même gamme** que les LLM "géants" (plusieurs dizaines ou centaines de milliards de paramètres), même si Anthropic n'a pas annoncé un nombre exact.
- **Performances sur benchmarks** :
- Les versions de Claude testées publiquement montrent des scores **équivalents** ou parfois supérieurs à GPT-3.5 sur certaines tâches conversationnelles ou d'analyse de texte.
- Sur d'autres défis (résolution de problèmes mathématiques complexes, codage), GPT-4 pourrait avoir un **légèr avantage** en raison de sa taille et de son tuning spécifique.
- Anthropic publie cependant peu de résultats comparatifs chiffrés, préférant mettre en avant la fiabilité et la sûreté de Claude.

3.2. Style de génération et cohérence conversationnelle

- Les **modèles GPT** sont réputés pour la **richesse** de leurs réponses et leur capacité à s'adapter à différents registres.
- Claude, lui, se caractérise par un **ton souvent plus diplomatique** ou **pondéré**, du fait de ses filtres et de sa "constitution". Il aura tendance à **éviter** les extrêmes, à réfléchir davantage lorsqu'il s'agit de sujets sensibles.
- BERT n'est pas un modèle génératif conversationnel (il peut être adapté à la génération, mais ce n'est pas sa fonction initiale), donc la comparaison se fait plutôt entre Claude et GPT-Chat ou GPT-4 sur la dimension conversationnelle.

3.3. Alignement et refus de requêtes

- GPT et Claude partagent un mécanisme de **détection** des requêtes inappropriées, mais leurs **seuils** et leur **philosophie** diffèrent légèrement.
- Claude refuse plus systématiquement certains contenus, faisant parfois preuve d'une **censure** plus stricte que GPT-3.5. C'est en accord avec la mission d'Anthropic de minimiser les risques d'abus.

- BERT, dans le cadre de tâches supervisées, n'a pas de composant "conversationnel" direct□ ; la question de refus ou de censure se pose autrement (il s'agit plutôt de filtrer en amont ou en aval, suivant l'usage).

3.4. Transparence et open source

- **GPT-4** reste très opaque quant à sa taille, sa structure, ou son dataset précis.
- **BERT** est ouvert (code et poids officiels disponibles), ce qui a favorisé la création de nombreuses variantes.
- **Claude**, en revanche, demeure partiellement **propriétaire**□ : Anthropic ne publie pas (ou pas encore) la totalité du modèle, mais partage régulièrement des éléments de recherche.
- On retrouve donc un spectre de confidentialité□ : BERT (open) <—> Claude, GPT, PaLM, etc. (fermés), chaque organisation ayant ses raisons (coût, sécurité, concurrence).

---

4. Différenciations d'usage et de positionnement sur le marché

4.1. Public cible et intégrations

- **Claude** est proposé en tant que **service conversationnel** et **API** pour des entreprises cherchant à incorporer un assistant IA dans leurs produits.
- Les modèles GPT (notamment ChatGPT) ont un usage très grand public, accessible via une interface simple, et se déclinent aussi sous forme d'API (OpenAI).
- **BERT** et ses dérivés sont davantage utilisés en **back-end**, pour des tâches de NLP spécifiques (classification, QA, extraction d'entités) dans divers secteurs (finance, e-commerce, santé, etc.).

4.2. Valeur ajoutée : la sûreté de Claude comme argument

- Anthropic met en avant la **fiabilité** et la **sécurité** de Claude, assurant ainsi aux entreprises que le modèle générera moins de contenu contraire à l'éthique ou aux règlements.
- Dans un contexte où la réglementation et l'opinion publique se focalisent de plus en plus sur les **risques de l'IA**, ce positionnement "responsable" peut donner un avantage compétitif à Claude.
- GPT, très populaire, a cependant une base d'utilisateurs beaucoup plus large, et OpenAI a également déployé des efforts conséquents sur la modération. La **différenciation** est donc subtile et se joue plutôt sur des questions de **philosophie**, de **priorités** et de **niveau de tolérance** à certains contenus.

---

5. Perspectives d'avenir et coévolution des modèles

5.1. Convergence progressive des méthodes

- Les innovations d'OpenAI (comme l'apprentissage par renforcement à partir de feedback humain) ou de Google (transformers, BERT) influencent **toute l'industrie**.
- Anthropic, via Claude, apporte la notion de "**Constitutional AI**" et d'autres mécanismes d'**alignment** qui pourraient se diffuser chez d'autres acteurs.
- À mesure que les problèmes de **biais** et de **sécurité** deviennent cruciaux, il est probable qu'on assiste à une **convergence** des meilleures pratiques (filtres, red team testing, codes de conduite, etc.).

5.2. Nouvelles fonctionnalités et multimodalité

- GPT-4 inaugure la **multimodalité** (capacité à traiter du texte, des images, etc.). Claude, pour l'instant, est essentiellement **textuel**.
- Il se pourrait que dans l'avenir, Anthropic propose une version de Claude capable d'analyser ou de générer des **images** ou des

vidéos, si cela s'avère pertinent pour sa mission de création d'une IA sûre.

- Les enjeux liés à la **sécurité** et au **filtrage** de contenus multimédias sont encore plus complexes, ce qui pourrait justifier une feuille de route prudente.

5.3. Potentiel d'open source ou de collaboration

- À l'image de BERT (open source) et BLOOM (modèle de recherche collaboratif), il est envisageable qu'Anthropic libère à terme une version "**allégée**" de Claude pour la communauté, ou noue des partenariats académiques.
- Ce genre d'initiatives pourrait élargir l'impact scientifique de Claude et renforcer l'écosystème d'**IA responsable**.

---

6. Conclusion : la singularité de Claude dans le paysage LLM

En définitive, **Claude** se classe parmi les **grands modèles de langage** de type **transformer** orientés conversation, jouant dans la même ligue que **GPT** (OpenAI) ou **PaLM** (Google) en termes d'échelle et de capacités génératives. Toutefois :

1. **Philosophie sécuritaire** : Claude se distingue nettement par l'importance accordée à la **sûreté** et à l'**alignment**, via sa "constitution" et un filtrage renforcé.
2. **Positionnement "responsable"** : Anthropic mise sur le fait que les entreprises et les pouvoirs publics valorisent de plus en plus la **conformité éthique**, la **transparence** et la **réduction des risques** liés à l'IA.
3. **Comparaison avec BERT** : Claude, comme GPT, est un modèle génératif conversationnel, alors que BERT est un "encoder" bidirectionnel mieux adapté à l'analyse qu'à la génération de texte.
4. **Performances** : Les retours suggèrent que Claude offre un niveau de performance similaire (voire supérieur dans certains

cas) aux LLM établis, tout en adoptant un style souvent plus **modéré** et **conforme** aux principes éthiques d'Anthropic.

Ainsi, Claude s'affirme comme un acteur majeur dans la **nouvelle génération** de LLM, résolument tourné vers la **responsabilité** et l'**éthique**, cherchant à convaincre aussi bien les entreprises que la communauté IA de l'importance d'un développement **sûr** et **aligné**.

Chapitre 4 : Aspects technologiques de Claude

Architecture du modèle (transformers, mécanismes d'attention, etc.).

1. Genèse et principes de base : « Attention is All You Need »

1.1. Le Transformer originel

- En 2017, l'article fondateur **"Attention is All You Need"** (Vaswani et al.) a introduit l'architecture **Transformer**, révolutionnant le traitement du langage naturel.
- Au cœur de ce modèle : l'**attention** (plus précisément, la **self-attention**), qui remplace les mécanismes récurrents (LSTM, GRU) ou convolutionnels employés jusque-là.
- Les Transformers se composent de **blocs** (layers) empilés, chacun renfermant :
1. Un **mécanisme d'attention** multi-têtes.
2. Un **sous-bloc** feed-forward (MLP).
3. Des **connexions résiduelles** et la **normalisation** (LayerNorm) pour stabiliser et faciliter l'apprentissage.

1.2. L'idée de self-attention

- Dans un bloc Transformer, chaque **token** (mot ou sous-mot) d'une phrase est représenté par un **vecteur** continu.
- Le mécanisme de **self-attention** calcule, pour chaque token, une combinaison pondérée des représentations de tous les autres tokens de la séquence.
- Cela permet au modèle de repérer, à chaque étape, les **mots-clés** ou **dépendances grammaticales** qui sont importants pour comprendre le contexte.
- Par exemple, pour une phrase longue et complexe, le mot "il" peut se référer à un sujet situé de nombreux tokens auparavant.

L'attention permet de tisser ces liens longue-distance
facilement.

---

2. Structures d'architecture : encoder, decoder, ou "decoder-only"

2.1. L'architecture complète encoder-decoder

- Dans le schéma initial de "Attention is All You Need", on trouve un **encodeur** et un **décodeur** :
  - L'**encodeur** lit la séquence source et produit une série de représentations internes.
  - Le **décodeur** génère un texte cible (par exemple, pour de la traduction).
- Cette structure bi-bloc se voit encore dans de nombreux modèles de traduction neuronale (p. ex., T5 de Google).

2.2. Les modèles « encoder-only » (ex. BERT)

- **BERT** repose exclusivement sur la partie "encodeur" du Transformer.
- Il est formé via le "masked language modeling" : une partie des tokens sont masqués et le réseau apprend à les prédire.
- BERT excelle en **analyse** de texte (classification, extraction d'entités, etc.), mais n'est pas conçu pour générer du texte de façon auto-régressive.

2.3. Les modèles « decoder-only » (ex. GPT, Claude)

- Des modèles tels que **GPT** (et vraisemblablement Claude) utilisent majoritairement la partie **décodeur** (souvent en mode auto-régressif).
- Cela signifie qu'ils génèrent une séquence token par token, où chaque nouveau token est prédit en se basant sur l'historique (les tokens déjà générés).

- Le décodeur n'a donc pas besoin d'une entrée encodée distincte☐; la **même séquence** sert à la fois d'entrée et de sortie, et le modèle applique un "masquage" (attention "causale") pour qu'il ne puisse "voir" que les tokens passés et présents.

  Pour **Claude**, on peut affirmer qu'il suit un schéma **decoder-only** proche de GPT, car il se spécialise dans la **génération** et la **conversation**.

---

3. Zoom sur l'auto-attention et ses variantes

3.1. Mécanisme standard multi-head

- Chaque bloc d'attention se décompose en plusieurs "têtes" (heads). Chacune apprend à repérer différents **types de relations** entre les tokens (par ex. relations syntaxiques, sémantiques, positions, etc.).
- Les têtes sont ensuite **concaténées** et passées dans une projection linéaire, avant de transiter vers la partie feed-forward.
- Cet agencement multi-head autorise une modélisation fine de plusieurs aspects du contexte en parallèle.

3.2. Attention causale pour la génération

- Dans un **modèle auto-régressif**, on applique un "**masque**" de sorte que chaque token ne puisse porter attention qu'aux tokens précédents (et à lui-même), jamais aux tokens futurs.
- Par contraste, les encodeurs BERT utilisent une attention **bidirectionnelle**, où chaque token peut considérer l'ensemble de la séquence (passé/futur).
- Claude, étant conversationnel et génératif, incorpore donc cette attention causale, lui permettant de "prédire" le token suivant pas à pas, comme GPT.

3.3. Optimisations récentes de l'attention

- À grande échelle, l'attention peut devenir **coûteuse** (complexité quadratique en fonction de la longueur de la séquence). Des techniques d'**attention sparse** ou de **sliding window** sont parfois employées.
- Des chercheurs proposent aussi des mécanismes comme **FlashAttention**, **Longformer**, **Big Bird**, etc., pour gérer de plus grandes fenêtres contextuelles à moindre coût.
- Anthropic n'a pas révélé avec certitude quelles optimisations précises Claude implémente, mais il est probable qu'il contienne des **adaptations** permettant d'allonger le contexte utile tout en maîtrisant la charge de calcul.

---

4. Les blocs feed-forward (MLP) et les connexions résiduelles

4.1. Sous-bloc feed-forward (position-wise FFN)

- Après chaque module d'attention, on trouve un **réseau de neurones feed-forward** (souvent appelé "FFN" ou "MLP block").
- Il agit de façon **indépendante** sur chaque token, transformant la représentation vectorielle issue de l'attention.
- Typiquement, on a une couche linéaire de dimension supérieure, une activation (ex. GeLU), puis une projection vers la dimension d'origine.
- Cette étape permet d'**augmenter** la "capacité de représentation" du modèle, ce qui est crucial pour capturer des régularités complexes dans le langage.

4.2. Connexions résiduelles et normalisations

- Au sein d'un bloc, on applique souvent une **connexion résiduelle** autour de l'attention et du feed-forward, ainsi qu'une **Layer Normalization** (LayerNorm) avant ou après ces sous-blocs.

- Les connexions résiduelles (inventées dans ResNet) permettent d'**améliorer** la propagation du gradient et d'éviter le "vanishing gradient".
- La **LayerNorm** stabilise la distribution des activations, rendant l'apprentissage plus robuste, surtout pour de grands réseaux.

---

5. Embeddings et positionnement dans la séquence

5.1. Word embeddings vs. token embeddings

- Les modèles gèrent la **tokenisation** (souvent avec BPE ou SentencePiece), découpant le texte en sous-unités. Chaque token reçoit un **vecteur d'incorporation** ("embedding").
- Ces embeddings sont appris durant la phase de pré-entraînement, et constituent la **représentation initiale** de chaque token avant l'entrée dans les blocs Transformers.

5.2. Les embeddings positionnels

- Pour qu'un Transformer "sache" où se situe un token dans la séquence, on y ajoute des **informations de position**.
- Le papier originel utilise des **sinusoïdes** (Positional Encoding). D'autres approches (Rotary Embeddings, ALiBi, etc.) proposent des moyens plus flexibles d'incorporer la notion de position.
- L'intégration positionnelle détermine souvent la **capacité** du modèle à gérer de longs contextes : si la méthode de positionnement ne s'étend pas bien, le modèle risque de dégrader ses performances sur des séquences très longues.

5.3. Élargissement de la fenêtre contextuelle

- Les LLMs récents (GPT-4, Claude, etc.) tendent à augmenter la **fenêtre contextuelle** au-delà des 2 048 tokens "classiques" (GPT-3).

- Claude, par exemple, pourrait prendre en charge plusieurs milliers de tokens, permettant de longues **conversations** ou analyses contextuelles plus fouillées.
- Des évolutions d'infrastructure (plus de mémoire, meilleurs algorithmes d'attention) sont requises pour monter en échelle.

6. Entraînement auto-supervisé et stratégies d'alignment

6.1. Phase de pré-entraînement auto-supervisé

- Comme GPT, Claude suit une phase massive de **pré-entraînement** sur un large corpus de textes non annotés, en prédisant le token suivant (auto-régression).
- Durant des **milliers** ou **millions** d'itérations, le modèle apprend la structure du langage, la sémantique, etc.
- Cette étape coûteuse demande d'énormes **ressources GPU/TPU**, de la **distribution** sur plusieurs nœuds, et un suivi continu des **métriques** (loss, perplexité).

6.2. Fine-tuning et RLHF

- Après ce pré-entraînement, Claude est affiné via du **fine-tuning** spécifique :
  - **RLHF (Reinforcement Learning from Human Feedback)**, où des annotateurs humains évaluent les réponses générées, indiquant si elles sont satisfaisantes ou pas.
  - **Constitutional AI** : intégration d'un "ensemble de règles" ou de "principes directeurs" dans l'apprentissage, visant à réduire les réponses nuisibles ou non éthiques.
- Ces étapes transforment un modèle purement statistique en un **assistant conversationnel** aligné sur la sécurité et la courtoisie.

7. Particularités éventuelles dans Claude

7.1. Rumeurs et pistes

- Anthropic n'a pas publié la totalité du **code source** ni du schéma d'architecture complet de Claude, mais on peut conjecturer que :
- Claude adopte une **structure "decoder-only"** proche de GPT.
- Il existe une gestion sophistiquée de la **fenêtre contextuelle** pour permettre des conversations plus longues et plus complexes.
- Des **modifications** de l'attention, comme FlashAttention ou d'autres, pourraient être présentes afin de mieux scaler sur des gros volumes de tokens.
- L'entraînement recourt à des **protocoles** de filtrage de données plus stricts (pour éviter toxicité, contenus illégaux), et à un tuning poussé des hyperparamètres pour stabiliser la **convergence**.

7.2. Emphase sur la robustesse et la modération intégrée

- L'architecture s'accompagne d'un **pipeline** de modération en **amont** et **en aval** :
- Détecter les prompts "sensibles" et empêcher le modèle de produire du contenu hors charte.
- Post-traiter la génération pour filtrer certains mots ou suggestions violentes/hargneuses.
- Cette **couche** n'est pas juste une modification du réseau, mais un ensemble de **politiques** et de **modules** reliant Claude à la constitution d'Anthropic (ces aspects, bien qu'extra-architecturaux, influencent la manière dont le modèle est exploité).

8. Conclusion : un Transformer de nouvelle génération pensé pour la conversation

En définitive, **Claude** hérite du **squelette fondamental** des Transformers :

1. **Blocs** empilés contenant un module d'**attention multi-têtes** causale, suivi d'un **sous-bloc feed-forward** et ponctué de **connexions résiduelles** et de **LayerNorm**.
2. Des **embeddings** de tokens et de positions (avec une solution technique adaptée pour gérer de longs contextes).
3. Un **entraînement préliminaire** en auto-supervision sur un vaste corpus textuel, avant un **affinage** (fine-tuning) orienté vers la conversation et la sécurité (RLHF, Constitutional AI).

Ce qui distingue Claude, c'est l'insistance sur la **sûreté**, l'**alignment**, et la volonté d'inclure, dès la conception, une **"constitution"** qui régule ses réponses et son comportement. Sur le plan de l'**architecture interne**, il demeure très proche des modèles GPT de type "decoder-only" — un choix cohérent pour un **assistant conversationnel** génératif à large échelle.

L'**innovation** d'Anthropic ne se situe donc pas seulement dans la "forme" du Transformer (qu'ils peaufinent selon les bonnes pratiques de la communauté IA), mais dans la **finalité** et la **philosophie** qui entourent son usage□ : donner naissance à un LLM **puissant** ET **responsable**, capable de soutenir de longues discussions de manière sûre et alignée sur des principes éthiques prédéfinis.

Entraînement et jeux de données utilisés.

1. Les fondements de l'entraînement : l'auto-supervision à grande échelle

1.1. Principe de l'auto-supervision

- Comme la plupart des LLM (GPT, PaLM, LLaMA, etc.), Claude est **pré-entraîné** en mode **auto-supervisé** :
  o On présente au modèle des **textes** (répartis en tokens) et il apprend à prédire le token suivant, sans avoir besoin d'étiquettes humaines classiques.
  o Cette méthode exploite de très grands volumes de données textuelles, permettant d'apprendre les régularités syntaxiques, sémantiques et contextuelles du langage.

1.2. Objectifs et échelle

- L'ambition est de couvrir un **spectre large** de sujets, de registres (formel, familier), de styles (article, dialogue, code, etc.), afin que Claude puisse se montrer **polyvalent**.
- Les modèles contemporains (Claude, GPT-3.5, GPT-4) peuvent s'entraîner sur des corpus allant de **centaines de gigaoctets** à plusieurs **téraoctets** de texte, rassemblés depuis diverses sources (web, littérature, code, etc.).

---

2. Les principales sources de données textuelles

2.1. Common Crawl, Wikipedia et autres bases publiques

- **Common Crawl** : souvent au cœur des ensembles de données web. C'est un vaste corpus "brut" explorant des trillions de mots issus de différentes pages web.

- **Wikipedia** : base incontournable pour un contenu plus qualitatif, couvrant un large éventail de domaines (sciences, histoire, culture…).
- **Dépôts de code** : certains LLM incluent des fichiers provenant de plateformes de développement (GitHub, etc.) pour maîtriser la génération et la compréhension de code. Il est plausible qu'Anthropic en intègre une partie pour élargir les compétences de Claude, même si ce n'est pas systématiquement confirmé.

2.2. Livres, articles et archives spécialisées

- De nombreux laboratoires de recherche (dont Anthropic) complètent leur corpus avec des **archives de livres** (projets type BooksCorpus, voire des collections internes).
- **Articles de presse** et **publications académiques** : du contenu relevant pour la compréhension de textes plus complexes ou plus experts (sciences, technologies, sciences humaines).
- L'objectif est d'obtenir une palette riche☐ :
  o Textes factuels,
  o Littérature,
  o Contenus journalistiques,
  o Textes techniques…

2.3. Données filtrées et vérifiées

- Une partie cruciale du travail consiste à **filtrer** ces sources : éliminer le spam, les doublons, les textes de trop faible qualité, le contenu pornographique ou violent, etc.
- Anthropic ayant un fort **engagement sur la sûreté**, il est probable qu'ils effectuent un **tri plus poussé** encore que ce qui se fait dans d'autres laboratoires, afin de réduire la présence de contenus problématiques.
- L'idée n'est pas de supprimer tout type de discours, mais d'écarter ce qui risquerait de **brouiller** l'apprentissage ou de pousser le modèle vers des comportements nuisibles.

3. Stratégies de curation et de réduction des biais

3.1. Sélection et classement qualitatif

- Outre un filtrage de base (élimination des pages vides, du spam, etc.), Anthropic peut procéder à des étapes de **classification** :
  o Détecter et retirer les textes "toxiques" (discours haineux, menaces…) de manière massive ou partielle,
  o Repérer les **langues** ou **dialectes** spécifiques,
  o Vérifier la "densité" ou la "cohérence" d'un document (suppression de documents trop bruités, sans phrases compréhensibles).

3.2. Biais socio-culturels et diversité

- Même en filtrant, la **question des biais** demeure : si le corpus penche trop vers une culture ou un point de vue (ex. anglophone et occidental), le modèle risque de reproduire certains stéréotypes.
- On sait que des initiatives d'Anthropic visent à étoffer le spectre des données (textes issus de minorités, de régions du globe moins représentées…).
- Cependant, l'équilibre entre **diversité** et **qualité** reste délicat : trop de filtrage peut supprimer des communautés ou registres légitimes, tandis qu'une surreprésentation d'une culture impose d'autres biais.

3.3. Transparence partielle

- Anthropic, à l'instar d'OpenAI ou de Google, ne révèle pas toujours publiquement la **liste exhaustive** des sites inclus ni tous les critères de filtrage, en partie pour protéger des aspects propriétaires ou éviter que certains ne "contournent" les filtres.
- On peut toutefois être sûr qu'ils emploient des techniques standard de **dédoublonnage**, de **modération** par mots-clés, et des **modèles classifieurs** internes pour repérer les contenus hors charte.

4. Organisation de l'entraînement : phases et infrastructure

4.1. Pré-entraînement massif (stage 1)

- Comme mentionné, Claude passe par une phase de pré-entraînement auto-supervisé, où il "absorbe" des quantités gigantesques de textes.
- Ce processus se déroule sur des **clusters** de GPU/TPU (probablement plusieurs centaines de processeurs en parallèle).
- L'optimisation se fait via des méthodes de **descente de gradient** (Adam, Lamb, etc.) et exige une coordination distribuée (par ex. **ZeRO** de Microsoft DeepSpeed, ou **Megatron-LM**).
- Les métriques monitorées incluent la **loss** (souvent la cross-entropy) et la **perplexité** (capacité du modèle à deviner le token correct).

4.2. Fine-tuning et alignment (stage 2)

- Une fois que le modèle a acquis les bases du langage, Anthropic passe à des étapes d'**alignement** pour le rendre plus sûr et plus "conversationnel".
- Cette phase combine :
- Du **RLHF** (Reinforcement Learning from Human Feedback), où des échantillons de texte générés sont annotés par des humains, indiquant si la réponse est adéquate, nuisible ou inexacte.
- L'approche dite "**Constitutional AI**", où un ensemble de **principes** (règles éthiques, consignes de modération) est injecté dans le processus d'apprentissage.
- À ce stade, il se peut qu'Anthropic ajoute un **ensemble de données** spécifiquement conçu pour l'instruction (paires question/réponse, dialogues) ou la **sécurité** (exemples d'abus, de propos offensants, etc., avec la "bonne" réponse de modération).

4.3. Tests, itérations et déploiement

- L'équipe teste ensuite Claude en **conditions réelles** ou simulées (red team, tests de stress), pour traquer :
- o La persistance de **biais** ou de réponses dangereuses,
- o Les **hallucinations** (inventions factuelles),
- o Les comportements contraires à la "constitution" du modèle.
- À l'issue de cette phase, on décide si le modèle est prêt à être **déployé** (sous forme d'API, par exemple) ou s'il requiert une nouvelle session de fine-tuning.
- Cette boucle d'**itérations** peut se poursuivre à l'infini, avec des "versions" successives (Claude v1, v1.2, v2, etc.).

---

5. Composition probable du "training mix" pour Claude

Bien que nous ne disposions pas de la liste précise des jeux de données d'Anthropic, on peut émettre quelques **estimations** réalistes en s'inspirant des pratiques du domaine :

1. **Corpora Web** (Common Crawl, WebText-like, filtrés) :
- o Représente une large partie du volume (souvent plus de 50 %).
- o Donne au modèle sa **polyvalence** linguistique et sa connaissance du "monde réel".
2. **Wikipedia** (toutes langues pertinentes) :
- o Un noyau qualitatif pour la connaissance générale, structuré et souvent fiable.
- o Peut représenter de 1 à 5 % du total, mais un pourcentage non négligeable pour la qualité.
3. **Books corpus** :
- o Plusieurs gigaoctets, incluant de la littérature classique, des romans, essais, etc.
- o Apporte un **style d'écriture** plus fluide et de la **cohérence** narrative.
4. **Données conversationnelles** (forums, dialogues divers, chat logs anonymisés) :
- o Importantes pour la dimension **assistant conversationnel**.

- o Peut inclure Reddit filtré, d'autres plate-formes communautaires, etc.
- o Indispensables pour apprendre la **"tour de parole"**, le **contexte** dans un échange, etc.
5. **Données spécialisées** (documentation technique, articles de recherche, code, etc.) :
- o Pour conférer au modèle une **compétence** sur des sujets plus pointus (math, science, programmation).
- o Leur part peut être modérée (quelques pourcents), mais ciblée afin d'enrichir la capacité de raisonnement ou de résolution de problèmes.
6. **Données internes à l'étape de fine-tuning** :
- o Paires question-réponse annotées par Anthropic, dialogues d'entraînement, exemples de prompts "délicats" (contenu sensible) pour affiner la **modération** et l'**alignment**.
- o C'est un volume bien plus faible que le pré-entraînement, mais qui a un **impact considérable** sur le comportement final de Claude.

---

6. Les enjeux et difficultés de l'entraînement à grande échelle

6.1. Coût et logistique

- Former un LLM du calibre de Claude suppose des **coûts très élevés** (temps machine, refroidissement, électricité, ingénieurs spécialisés).
- Les sociétés comme Anthropic investissent souvent des **dizaines de millions de dollars** pour rendre possible un seul grand cycle d'entraînement.
- Les **infrastructures** doivent être robustes pour gérer la **distribution** du modèle sur des centaines de GPU/TPU en parallèle.

6.2. Supervision de la qualité et des biais

- Malgré un filtrage soigné, le **risque** de voir ressurgir certains **stéréotypes** ou **discours haineux** est permanent.
- Les équipes doivent vérifier l'équilibre des données, identifier d'éventuels "**hot spots**" de désinformation et itérer pour améliorer le corpus.

6.3. Mise à jour en continu

- Le monde évolue, de nouvelles informations apparaissent (faits d'actualité, nouvelles lois, découvertes scientifiques).
- Anthropique doit planifier des **raffinages** (fine-tuning ou re-training) réguliers pour maintenir Claude à jour et éviter qu'il ne "stagne" dans une vision obsolète.
- Les techniques de "**continual learning**" ou "**réentraînement partiel**" sont explorées pour minimiser le "catastrophic forgetting" (risque de perdre d'anciennes compétences en intégrant de nouvelles données).

---

7. Conclusion : un mélange massif et évolutif

En résumé, l'**entraînement** de Claude s'appuie sur :

- **D'immenses corpus textuels** issus du web (Common Crawl, Wikipédia, livres, etc.), soigneusement **filtrés** et **sélectionnés** pour éviter la toxicité ou les déchets numériques.
- Un **processus d'apprentissage** en deux grandes étapes□ : le **pré-entraînement auto-supervisé** (pour acquérir la base linguistique et factuelle) puis le **fine-tuning** (pour le rendre aligné, sûr et conversationnel, grâce à la "Constitutional AI" et au RLHF).
- Un **cycle continu de validation** et de mise à jour, qui implique des "red teams" et des protocoles d'audit pour déceler les écarts de comportement et ajuster les filtres ou la "constitution".

Dans ce sens, Claude ne diffère pas fondamentalement des grands modèles de langage tels que GPT, PaLM ou LLaMA au niveau du pré-entraînement (puisque tous utilisent des approches similaires). Cependant, Anthropic se démarque par son **engagement** encore plus poussé en matière de **sûreté**, d'**éthique** et de **curation** des données, afin de minimiser les risques de discours nocifs ou biaisés. Le résultat se retrouve dans la **qualité conversationnelle** et l'**alignement** final de Claude, qui fait partie intégrante de la "raison d'être" de l'entreprise.

Optimisations spécifiques (cadences d'apprentissage, traitement du langage naturel, etc.).

1. Optimisations liées aux cadences d'apprentissage

1.1. Le taux d'apprentissage (learning rate) et ses variations

- Le choix d'un **taux d'apprentissage** (learning rate) est crucial pour la **stabilité** et la **vitesse** de la convergence.
- Pour les grands modèles de langage (LLMs), on emploie souvent un **learning rate** initial relativement faible ou un schéma de "warm-up", puis on **réduit** progressivement ce taux selon un plan prédéfini.

1.1.1. Le warm-up

- Dans les premières étapes de l'entraînement, on augmente graduellement le taux d'apprentissage pendant un certain nombre d'itérations (par exemple, sur 1 □% à 5 □% de l'entraînement total).
- Cela évite les problèmes de divergence quand les poids sont aléatoires et que le gradient peut exploser.
- Après cette phase, on adopte un **plateau** ou on amorce une **décroissance** du taux d'apprentissage.

1.1.2. Les schémas de décroissance

- Les plus courants incluent la **décroissance linéaire** ou **cosine annealing** (où le learning rate suit une courbe cosinus inversée).
- D'autres approches adaptatives (ex. **Adam, AdamW, LAMB**) gèrent automatiquement l'évolution du taux interne pour chaque paramètre, optimisant la convergence sur des modèles gigantesques.

1.2. Le "Large Batch Training"

- Avec un grand nombre de **GPU** en parallèle, on peut augmenter la **taille du batch** (nombre d'exemples par itération).
- Le **Large Batch Training** permet de paralléliser davantage le calcul, mais peut dégrader la généralisation si le taux d'apprentissage et les hyperparamètres ne sont pas ajustés correctement.
- Des techniques comme **LAMB** (Layer-wise Adaptive Moments for Batch Training) aident à maintenir la stabilité pour des batchs massifs, en ajustant les gradients de manière adaptée à chaque couche.

1.3. Gradient accumulation

- Lorsque la **mémoire GPU** est limitée ou que l'on désire un "batch effectif" plus grand, on emploie la **gradient accumulation**.
- Cela consiste à **accumuler** les gradients sur plusieurs mini-batchs avant d'effectuer la rétropropagation finale.
- On obtient ainsi un batch effectif plus large, sans exploser la RAM GPU, moyennant un coût en **nombre d'itérations**.

2. Optimisations de traitement distribué et parallélisme

2.1. Parallélisme de données (Data Parallelism)

- La méthode la plus simple : diviser l'ensemble des données (batches) entre plusieurs **GPUs/nœuds**.
- Chaque GPU calcule la **perte** et les **gradients** sur sa portion, puis on **moyenne** les gradients pour mettre à jour les poids de façon synchrone (Distributed Data Parallel).
- Des frameworks comme **PyTorch DDP**, **Horovod** ou **DeepSpeed** facilitent ces opérations.

2.2. Parallélisme de modèles (Model Parallelism)

- Quand un modèle atteint des **centaines** de milliards de paramètres, un seul GPU ne peut plus stocker l'ensemble des poids.
- On découpe alors le modèle en **blocs** (pipeline parallelism) ou en **tensors** (tensor parallelism) pour répartir les charges entre plusieurs GPU.
- **Megatron-LM** (NVIDIA) et **DeepSpeed** (Microsoft) implémentent ces approches de manière avancée, combinant parfois data parallelism et model parallelism pour une échelle massive.

2.3. Optimisations hybrides (ZeRO, etc.)

- **ZeRO** (Zero Redundancy Optimizer) de DeepSpeed diminue la redondance dans le stockage des gradients, des paramètres et des états de l'optimiseur, répartis sur différents nœuds.
- Cela permet de **réduire** la mémoire consommée sur chaque GPU, de former des modèles plus grands, et d'accélérer la communication entre les nœuds.

2.4. Gradient checkpointing

- Une technique pour **économiser** de la mémoire en cours d'itération : au lieu de conserver toutes les activations intermédiaires pour la rétropropagation, on ne retient que certains "points de contrôle" (checkpoints).
- Durant la rétropropagation, on **recalcule** les activations manquantes. Cela augmente le temps de calcul, mais **réduit la consommation mémoire**.

---

3. Optimisations pour le traitement du langage (tokenisation, pipeline textuel)

3.1. Tokenisation sous-mots

- Les grands modèles emploient presque tous une tokenisation **sous-mots** (BPE, SentencePiece, WordPiece, etc.) pour gérer la **variabilité** du vocabulaire et la présence de mots rares ou inédits.
- Ainsi, un terme inconnu est découpé en sous-unités, évitant d'introduire des tokens "inconnus" (OOV).
- Cette approche assure un **vocabulaire** plus compact (de l'ordre de 30□000 à 100□000 tokens) et couvre un large éventail de langues.

3.2. Nettoyage et normalisation du texte

- Avant la tokenisation, on procède souvent à une **normalisation** (suppression de caractères non désirés, unicodification, etc.).
- Pour certaines langues complexes ou idéogrammiques (chinois, japonais), un preprocess spécifique peut être nécessaire (segmentation en caractères ou en sous-caractères).

3.3. Gestion des contenus sensibles

- Anthropic (via Claude) souligne l'importance d'un **filtrage** ou d'une **classification** du texte en amont :
  o Identifier les passages violents, haineux, etc.
  o Appliquer des stratégies (suppression, masquage, annotation) pour mieux contrôler l'apprentissage.
- L'optimisation se situe donc aussi au niveau du **pipeline** de préparation des données, pas seulement dans les hyperparamètres de l'architecture.

---

4. Optimisation de la précision et réduction de la consommation GPU

4.1. L'entraînement mixte : FP16/BF16

- L'usage de **demi-précision** (Float16, bfloat16) est devenu la norme pour accélérer le calcul matriciel sur GPU et économiser de la mémoire.
- Des cartes modernes (NVIDIA Ampere, Google TPU) gèrent nativement le **Mixed Precision** (calcul interne en FP16/BF16, accumulation en FP32 pour la stabilité).
- Cela peut multiplier la **vitesse** d'entraînement par 2-3, voire plus, selon la configuration.

4.2. Contrôle du gradient (clipping)

- Le **gradient clipping** (par norme L2, par exemple) empêche les mises à jour trop brutales et stabilise la convergence.
- Combiné à l'optimisation mixte (FP16), cela limite aussi les risques d'**overflow** (valeurs infinies).

4.3. Techniques de "quantization" pour l'inférence

- Bien qu'elles ne soient pas toujours utilisées pendant l'entraînement, des méthodes de **quantization** (8 bits, 4 bits) peuvent être appliquées en phase d'inférence pour réduire la taille du modèle et accélérer la réponse, parfois sans trop dégrader la qualité.
- On peut imaginer qu'Anthropic travaille sur ces solutions pour déployer des versions plus légères de Claude, ou pour l'intégrer à des dispositifs plus restreints.

5. Approches avancées pour la génération cohérente et contrôlée

5.1. "Constitutional AI" et règles d'inférence

- Au-delà des algorithmes d'apprentissage, l'**inférence** (ou génération) bénéficie de mécanismes spécifiques pour **restreindre** ou **corriger** les réponses.

- Des techniques comme la **réécriture** (post-processing), l'ajout de **prompts** "correctifs", ou l'injection de **règles** manuelles peuvent intervenir pour maintenir le modèle dans un cadre "sécurisé".

5.2. Algorithmes de décodage (top-k, nucleus sampling, etc.)

- Les approches classiques pour l'inférence incluent **greedy search**, **beam search**, **top-k sampling**, **nucleus sampling** (top-p).
- **Top-k** : le modèle sélectionne parmi les k tokens les plus probables à chaque étape, ce qui peut accroître la **diversité** par rapport à la sélection purement déterministe.
- **Nucleus (top-p)** : on échantillonne dans le plus petit ensemble de tokens dont la somme des probabilités atteint p (par ex. 0.9).
- Le choix de l'algorithme de décodage influe sur le style, la créativité, et la **cohérence** de la réponse.

5.3. Contrôle du style et de la tonalité

- Certains laboratoires expérimentent des **"prefix tokens"** ou "control codes" pour orienter le style (plus formel, plus concis, etc.).
- Chez Anthropic, on peut imaginer une dimension d'optimisation où Claude intègre des «**preferences**» ou instructions éthiques, modifiant le style de ses réponses dans le sens de la politesse, de la modération, etc.

6. Suivi des métriques et réglages expérimentaux

6.1. Perplexité et cross-entropy

- Pendant l'entraînement, la **perplexité** ou la **cross-entropy** demeurent des indicateurs clés de la capacité du modèle à prédire les tokens.

- Une perplexité trop élevée ou qui stagne indique qu'il faut **ajuster** les hyperparamètres (learning rate, batch size, etc.).

6.2. Benchmarks internes et externes

- Au-delà de la perplexité, on utilise des **sets de validation** pour évaluer la **qualité des réponses**, la **sécurité** (ex. tests de dérive, questions sensibles), et la **capacité de raisonnement** sur des jeux de données publics (SQuAD, MMLU, Big-Bench, etc.).
- Anthropic peut avoir des **benchmarks internes** dédiés à l'évaluation de la "Constitutional AI" : tests de toxicité, red team prompts, etc.

6.3. Gestion des échecs et réentraînement

- L'entraînement d'un modèle à cette échelle engendre souvent des **"hivers"** où le modèle diverge ou présente des performances médiocres.
- Les ingénieurs reviennent alors sur la configuration (cadences, architecture, distribution) pour comprendre la cause : un **learning rate** trop élevé, un problème de batch size, un bug dans le code parallèle, etc.

---

7. Conclusion : un ensemble coordonné de techniques

En définitive, les **optimisations spécifiques** pour entraîner un grand modèle de langage comme Claude ne se limitent pas à un simple réglage de la **cadence d'apprentissage**. Elles forment un **écosystème** complet :

1. **Planification fine** du learning rate (warm-up, décroissance, optimisateurs adaptatifs).
2. **Techniques de parallélisme** (data parallel, model parallel, ZeRO) pour gérer le nombre astronomique de paramètres et assurer une bonne **scalabilité**.

3. **Gestion intelligente de la précision** (FP16, BF16, gradient clipping) pour concilier **vitesse, mémoire** et **stabilité**.
4. **Pipeline de tokenisation** et de **prétraitement** du texte, incluant filtrage et classification, garantissant la **qualité** et la **sécurité** du corpus.
5. **Contrôle de l'inférence** et de la **génération,** via des algorithmes de sampling et des règles de "Constitutional AI", assurant un alignement comportemental et éthique.
6. **Monitoring** des métriques et ajustements constants pour optimiser la **qualité** et la **robustesse** du modèle au fil des itérations.

Cette orchestration de multiples éléments techniques se retrouve dans tous les laboratoires IA de pointe, et Anthropic s'attèle à pousser ces méthodes encore plus loin, du fait de son accent particulier sur la **sécurité** et l'**alignement**. Le résultat est un **grand modèle de langage** opérationnel, capable d'interactions conversationnelles puissantes tout en **minimisant** les risques de dérives ou d'erreurs majeures.

Gestion des biais et problématiques éthiques intégrées au processus de développement.

1. Comprendre l'origine des biais dans les LLM

1.1. Biais hérités du corpus de données

- Les **modèles de langage** comme Claude apprennent de larges volumes de texte collectés sur internet, des livres, des dépôts de code, etc.
- Ces données sont **chargées** de représentations culturelles, historiques, sociologiques : certains groupes sont sur- ou sous-représentés, certaines visions du monde dominent, etc.
- Par exemple, si le corpus contient une proportion importante de textes présentant des stéréotypes de genre, le modèle risque de **reproduire** ces stéréotypes.

1.2. Biais amplifiés par l'auto-apprentissage

- L'**auto-supervision** (le fait de prédire le token suivant sur des corpus massifs) ne fait pas de différence intrinsèque entre un texte plein de stéréotypes et un texte nuancé, car il n'y a pas de "label éthique" explicite.
- Les modèles "amplifient" parfois les régularités statistiques rencontrées, y compris les biais nuisibles.
- Si un groupe démographique minoritaire apparaît moins souvent ou moins positivement dans les données, le modèle peut développer des **associations** incorrectes ou discriminatoires.

1.3. Biais structurels liés aux algorithmes

- L'architecture Transformer et son mode de formation (grands batchs, parallélisme) peuvent aussi introduire des biais "**induits**" :
  o Décisions de tokenisation (certains mots en langue non-occidentale sont mal segmentés).

- o Décisions d'entraînement (comment gère-t-on les phrases incomplètes, les séries temporelles, etc. ?).
- Bien que ces biais "algorithmiques" soient moins évidents que les biais culturels, ils peuvent influencer la distribution des réponses (ex. traitement inégal d'un dialecte ou d'un système d'écriture).

2. Les stratégies de détection et de mitigation des biais

2.1. Filtrage et curation des données en amont

- Avant même l'entraînement, Anthropic (comme d'autres laboratoires) effectue un **tri** pour écarter :
- o Les contenus manifestement haineux, discriminatoires, violents.
- o Les sources douteuses (spam, fake news massives).
- Ils utilisent des **modèles de classification** ou des listes de mots-clés, ainsi que des heuristiques plus avancées (détection d'incitations à la haine).
- Ce filtrage réduit la proportion de textes toxiques, mais il n'élimine pas les biais plus subtils (stéréotypes implicites).

2.2. Approches statistiques de détection de biais

- Une fois un modèle pré-entraîné, on peut concevoir des **tests** pour repérer des tendances inéquitables :
- o Évaluer la distribution des réponses pour des groupes démographiques variés (ex. un prompt "Le docteur est…", "Le leader est…", "La femme au foyer est…").
- o Mesurer des **scores de polarité** ou des taux d'associations implicites (lié à la recherche sur l'IAT – Implicit Association Test).
- Les résultats orientent la mise en place de **contre-mesures** lors du fine-tuning, en corrigeant ou rééquilibrant les exemples où le modèle affiche un biais fort.

2.3. Fine-tuning et apprentissage par renforcement (RLHF)

- Anthropic applique la **"Constitutional AI"** et le **RLHF** (Reinforcement Learning from Human Feedback) pour définir des **règles** limitant la production de réponses biaisées ou offensantes.
- Des annotateurs humains évaluent les réponses du modèle sur des items sensibles (p. ex. questions relatives au genre, à la race, à la religion) et attribuent des **feedbacks** (positifs, négatifs).
- Le modèle apprend ainsi à **éviter** les formulations péjoratives, les stéréotypes ou tout contenu potentiellement discriminatoire.
- Il s'agit néanmoins d'un processus **complexe** : un "excès" de censure pourrait aussi masquer des réalités ou entraver la liberté d'expression légitime.

2.4. Debiasing par repondération ou recalibrage

- Certains laboratoires testent des **techniques de "debiasing"** plus ciblées :
- o **Repondération** des échantillons (augmenter le poids de textes qui contrecarrent les biais dominants).
- o **Counterfactual data augmentation** : générer des variantes de phrases où certains attributs (genre, ethnicité) sont permutés, afin de pousser le modèle à traiter ces attributs équitablement.
- Ces méthodes peuvent être employées en complément d'un fine-tuning de haute volée, afin de mieux gérer les **angles morts** identifiés par l'équipe éthique.

---

3. Les enjeux éthiques dans le processus de développement

3.1. Représentation et pluralité culturelle

- Un modèle comme Claude est destiné à un usage international, dans divers contextes. Or, les conceptions de ce qui constitue un "discours acceptable" varient grandement entre régions, cultures, législations.

- Il devient ardu de définir une "**charte universelle**" de modération. Anthropic propose sa "constitution", mais comment s'assurer qu'elle respecte la **diversité** des sensibilités culturelles ou religieuses☐?
- Les arbitrages éthiques sont donc un **chantier permanent** : trop de laxisme risque de tolérer des dérives, trop de censure peut étouffer la liberté d'expression.

3.2. Transparence et explicabilité

- Les laboratoires sont souvent critiqués pour le **manque de clarté** sur la provenance des données et les principes de modération.
- Du point de vue éthique, il est souhaitable que les utilisateurs et chercheurs sachent **comment** un modèle a été filtré, entraîné, et quelles valeurs pilotent ses réponses (anthropique publie ou explique partiellement les grandes lignes de son "Constitutional AI").
- Toutefois, trop de transparence peut permettre à des acteurs mal intentionnés de trouver des **failles** (contournement des filtres, exploitations malveillantes).

3.3. Responsabilité et redevabilité

- Qui est **responsable** si Claude produit des réponses sexistes, racistes ou incitant à la violence ?
- Sur le plan légal, les réglementations en matière d'IA (ex. l'AI Act européen) pourraient exiger que les concepteurs mettent en place un système de **contrôle** et de **traçabilité** des décisions algorithmiques.
- Il en va aussi de la confiance du public. Anthropic se veut en pointe sur ces questions, mais c'est un défi permanent de s'adapter à des contextes légaux différents (États-Unis, UE, etc.).

3.4. Surveillance et Big Brother

- Un risque inverse est que l'entreprise, pour réduire les biais, déploie des **mécanismes de surveillance** trop invasifs dans les données ou dans l'usage du modèle.
- L'éthique impose de trouver un **juste équilibre** : modérer et corriger sans trop empiéter sur la vie privée des contributeurs ou sur la neutralité de l'accès à l'information.
- La politique interne d'Anthropic inclut habituellement des **lignes directrices** quant à la collecte et au stockage des logs, l'anonymisation, etc.

---

4. Alignement et "Constitutional AI" : un cadre pour réduire les biais

4.1. Principe de la "Constitution"

- Dans le cas de Claude, Anthropic introduit un "ensemble de règles" (une forme de "constitution") que le modèle doit **respecter** lors de l'inférence et du fine-tuning.
- On y trouve :
1. Des principes de **non-discrimination** (ne pas propager de contenus haineux envers un groupe).
2. Des règles de **limitation** (contenus violents, explicites, illégaux).
3. Des injonctions à la **courtoisie** et à la **précision** (éviter la désinformation).

4.2. Application pratique

- Techniquement, cela implique :
o Des **prompts** ou scripts initiaux insérés dans le modèle (ex. "Tu dois refuser poliment quand on te demande…", "Tu réponds de manière impartiale à propos du groupe X…").
o Un apprentissage renforcé (RLHF) où les annotateurs signalent si la réponse enfreint la constitution.

- Ainsi, la **détection** de biais, la **neutralisation** de certaines dérives et la **préservation** d'un ton "respectueux" deviennent des objectifs explicites du modèle.

4.3. Limites et critiques

- Chaque constitution reflète un **système de valeurs** (occidental, dans la plupart des cas). D'aucuns estimeront qu'il faut un ajustement local selon la culture ou la législation.
- Trop de règles peuvent amener le modèle à se censurer exagérément ou à refuser de discuter de sujets pourtant légitimes (ex. politiques, religieux, etc.).
- Anthropic et la communauté IA continuent de chercher des solutions pour permettre une **personnalisation** du modèle tout en évitant des usages abusifs (ex. "Si je permets à l'utilisateur de relâcher des filtres, pourrais-je faciliter des discours haineux ?").

5. Processus continu de supervision et d'amélioration

5.1. Red teams et audits indépendants

- Les **red teams** (internes ou externes) testent le modèle en essayant délibérément de **pousser** Claude à produire des contenus illicites, discriminatoires ou contraires aux principes éthiques affichés.
- Leurs retours servent à **itérer** : corriger les règles, ajuster le modèle, améliorer le classifieur de contenu.
- Cette boucle d'audit est indispensable, car les utilisateurs malveillants (ou simplement curieux) découvrent toujours de nouvelles failles.

5.2. Mise à jour des corpus et du fine-tuning

- Les biais sociétaux évoluent, de nouvelles formes d'expression extrémiste apparaissent, de nouveaux dialectes…

- Anthropic doit régulièrement **rafraîchir** son jeu de données et mettre à jour les règles de modération pour suivre les évolutions culturelles, politiques et légales.
- Le processus d'**alignement** n'est jamais "terminé"□ ; c'est un **accompagnement** du modèle tout au long de son cycle de vie.

5.3. Collaboration avec la communauté IA

- Pour gérer ces questions complexes, beaucoup de laboratoires et de chercheurs prônent la **transparence**, le **partage** d'outils de détection des biais, la **publication** d'études sur l'évaluation de la toxicité ou de la discrimination.
- Anthropic participe à des conférences et à des groupes de travail sur la **sécurité de l'IA**, visant à normaliser les pratiques (rédaction de standards, livres blancs, etc.).

---

6. Conclusion : une vigilance continue pour une IA plus éthique

La gestion des biais et des problématiques éthiques intégrées au développement de Claude se traduit par :

1. **Un filtrage** et une **curation** approfondis du corpus, afin de réduire l'apport initial de contenus toxiques.
2. Des **mécanismes d'évaluation et de correction** post-entraînement (fine-tuning, RLHF, Constitutional AI), ciblant activement les comportements discriminatoires ou violents.
3. Une **mise en place** de principes directeurs (la "constitution") et d'une culture interne de l'**éthique**, qui va au-delà du strict paramétrage technique.
4. L'**audit** régulier (red teams, tests de stress) et l'**amélioration continue** via les retours du public et des experts, dans un souci de responsabilité vis-à-vis de la société.

Malgré ces efforts, le "risque zéro" n'existe pas. Les biais et problèmes éthiques de l'IA reflètent — et parfois amplifient —

ceux de la société. Le rôle d'Anthropic, et de tous les acteurs du domaine, est donc de **minimiser** ces biais autant que faire se peut, de **maintenir** une transparence relative sur les choix effectués, et de **continuer** à peaufiner le modèle à mesure que de nouveaux défis émergent.

Chapitre 5 : Cas d'usage de Claude

Exemples d'applications dans différents secteurs (service client, rédaction, éducation, etc.).

1. Service Client

1.1. Assistance automatisée et chatbots

- **Réponses instantanées :**
  Claude peut être intégré dans des systèmes de chatbots pour répondre aux questions fréquentes des clients 24/7, réduisant ainsi le temps d'attente et les coûts liés aux centres d'appel. Par exemple, dans une compagnie aérienne, le modèle peut fournir des informations sur les horaires de vol, les politiques de bagages ou les procédures de réservation.
- **Gestion des requêtes complexes :**
  Grâce à sa capacité à comprendre le contexte d'une conversation, Claude peut gérer des demandes plus complexes qui nécessitent une compréhension fine de la situation. Par exemple, dans un service bancaire, il peut guider un client dans la résolution d'un problème technique ou expliquer des procédures de sécurité.

1.2. Personnalisation de l'expérience client

- **Analyse des préférences :**
  En traitant de grands volumes de données clients, Claude peut aider à personnaliser les interactions. Il peut, par exemple, adapter les réponses en fonction du profil de l'utilisateur, recommander des produits ou anticiper les besoins, créant ainsi une expérience client plus fluide et engageante.
- **Feedback et amélioration continue :**
  Les interactions générées par Claude peuvent être analysées

pour en extraire des indicateurs de satisfaction, permettant ainsi aux entreprises de mieux comprendre les attentes de leurs clients et d'ajuster leurs services en conséquence.

2. Rédaction et création de contenu

2.1. Génération de textes et rédaction assistée

- **Articles et blogs :**
  Claude est capable de générer des articles de blog, des communiqués de presse ou des contenus marketing en respectant un ton et un style précis. Les rédacteurs peuvent s'en servir comme point de départ pour accélérer la production de contenu, tout en affinant manuellement le texte pour plus de précision ou de créativité.
- **Création de contenus créatifs :**
  En littérature ou en publicité, Claude peut proposer des idées narratives, générer des slogans ou même écrire des scénarios courts, offrant ainsi aux créateurs un outil de brainstorming et de prototypage rapide.

2.2. Outils de synthèse et de réécriture

- **Résumé automatique :**
  Pour des documents longs ou des rapports techniques, Claude peut résumer l'information en quelques phrases claires, aidant ainsi à la prise de décision ou à la diffusion d'informations essentielles dans des contextes professionnels ou éducatifs.
- **Réécriture et paraphrase :**
  Le modèle peut être utilisé pour reformuler des textes, corriger des incohérences ou adapter un contenu pour un public spécifique, garantissant ainsi une meilleure clarté et une homogénéité stylistique.

3. Éducation et formation

3.1. Assistance pédagogique personnalisée

- **Tuteurs virtuels :**
  Claude peut jouer le rôle de tuteur en ligne, répondant aux
  questions des élèves sur des sujets variés, allant des
  mathématiques à la littérature. Son aptitude à expliquer des
  concepts de manière accessible permet de compléter
  l'enseignement traditionnel, en particulier pour l'apprentissage à
  distance.
- **Création de contenus éducatifs :**
  Les enseignants peuvent utiliser Claude pour générer des
  supports de cours, des quiz interactifs, ou encore des résumés de
  leçons, facilitant ainsi la préparation pédagogique et la mise à
  jour des programmes en temps réel.

3.2. Révisions et aides à l'auto-apprentissage

- **Simulations de dialogues :**
  Pour des langues étrangères ou des cours de communication,
  Claude peut simuler des conversations réalistes, permettant aux
  apprenants de pratiquer dans un environnement virtuel sans la
  pression d'un interlocuteur humain.
- **Explication de concepts complexes :**
  En sciences ou en philosophie, le modèle peut fournir des
  explications détaillées et adaptées au niveau de compréhension
  de l'étudiant, favorisant ainsi une meilleure assimilation des
  connaissances.

---

4. Santé et bien-être

4.1. Information médicale et assistance en ligne

- **Soutien aux patients :**
  Dans le domaine médical, Claude peut fournir des informations

sur des symptômes, expliquer des procédures ou donner des conseils généraux de santé (en précisant toujours qu'il ne remplace pas un avis médical professionnel).

- **Aide à la recherche documentaire :**
Les professionnels de santé peuvent utiliser le modèle pour synthétiser des recherches scientifiques, mettre à jour leurs connaissances sur les dernières avancées médicales ou préparer des rapports cliniques.

4.2. Assistance psychologique

- **Chatbots de soutien :**
Bien que nécessitant une vigilance particulière pour éviter de franchir les limites de la pratique médicale, Claude peut servir d'outil de soutien psychologique en proposant des réponses empathiques et en orientant les utilisateurs vers des ressources ou des professionnels qualifiés en cas de besoin.

5. Finance et affaires

5.1. Analyse de données financières

- **Rédaction de rapports :**
Dans le secteur financier, Claude peut aider à générer des rapports de marché, analyser des tendances économiques ou synthétiser des informations issues de sources multiples pour fournir des analyses stratégiques aux décideurs.
- **Automatisation de la conformité :**
Le modèle peut être utilisé pour vérifier la conformité des documents ou pour rédiger des résumés de régulations complexes, facilitant ainsi le travail des départements juridiques et de la conformité.

5.2. Assistance en gestion de la relation client (CRM)

- **Gestion de la communication :**
  Pour les équipes de vente et de support, Claude peut automatiser la rédaction de courriels, de réponses aux demandes clients ou encore la gestion de la relation via des plateformes CRM, améliorant ainsi l'efficacité des interactions commerciales.

---

6. Médias et divertissement

6.1. Génération de scénarios et contenus interactifs

- **Création de jeux narratifs :**
  Dans l'industrie du jeu vidéo, Claude peut être utilisé pour générer des dialogues interactifs ou des scénarios complexes, enrichissant l'expérience narrative des jeux vidéo ou des applications interactives.
- **Personnalisation de contenus multimédias :**
  Les plateformes de streaming et les producteurs de contenu peuvent utiliser le modèle pour adapter des scripts, générer des résumés de séries, ou même créer des contenus originaux en collaboration avec des scénaristes.

6.2. Assistance aux journalistes

- **Rédaction et vérification :**
  Pour les rédactions de presse, Claude peut aider à écrire des articles de synthèse, à vérifier rapidement des faits ou à reformuler des informations pour les adapter à différents formats médiatiques.
- **Analyse de sentiments :**
  Le modèle peut analyser des flux de données (réseaux sociaux, commentaires en ligne) pour évaluer le sentiment public sur une thématique, aidant ainsi les journalistes à comprendre et contextualiser l'actualité.

---

7. Autres applications transversales

7.1. Support en recherche et développement

- **Synthèse de documents scientifiques :**
  Les chercheurs peuvent utiliser Claude pour extraire les points
  clés de publications académiques, générer des bibliographies ou
  même formuler des hypothèses de recherche.
- **Gestion de projets :**
  Dans le monde de l'innovation, le modèle peut aider à structurer
  des projets, rédiger des propositions de subventions ou
  synthétiser des retours d'expérience lors de sessions de
  brainstorming.

7.2. Assistance juridique et administrative

- **Rédaction de contrats et de documents juridiques :**
  Claude peut servir d'outil pour générer des ébauches de contrats,
  vérifier la conformité des clauses ou proposer des
  reformulations plus claires, facilitant ainsi le travail des juristes.
- **Support administratif :**
  Dans les organisations, le modèle peut automatiser la rédaction
  de rapports, la gestion de correspondances internes ou encore la
  préparation de documents administratifs standardisés.

---

8. Conclusion

Les applications de Claude, et des grands modèles de langage en
général, se déploient sur un large spectre de secteurs. Dans le
service client, ils offrent une assistance réactive et
personnalisée, tandis que dans la **rédaction** et la **création de
contenu**, ils accélèrent la production et enrichissent la créativité.
En **éducation**, ils deviennent de puissants outils d'apprentissage
et de soutien pédagogique, et dans des domaines comme la
santé, la **finance**, ou le **divertissement**, ils optimisent l'analyse,
la synthèse et la communication d'informations complexes.

Cette polyvalence illustre comment l'intelligence artificielle, en intégrant des capacités avancées de compréhension et de génération de texte, transforme les processus métiers, améliore l'efficacité opérationnelle et ouvre de nouvelles voies d'innovation dans quasiment tous les domaines d'activité.

Exemples d'automatisation de tâches au sein des entreprises.

1. Automatisation des tâches administratives et de gestion

1.1. Traitement des courriers et gestion de la correspondance

- **Rédaction et réponse automatisée aux emails :**
  Des modèles de langage avancés peuvent analyser le contenu des emails entrants, identifier les demandes et générer des réponses adaptées. Par exemple, dans un service client, un assistant virtuel peut trier et répondre aux questions simples sans intervention humaine.
- **Gestion des agendas et planification de réunions :**
  Des outils automatisés, intégrés à des calendriers numériques, peuvent proposer des créneaux horaires, envoyer des invitations et même organiser la logistique de réunions, réduisant ainsi le temps consacré à la coordination.

1.2. Saisie et traitement des données

- **Extraction de données à partir de documents :**
  L'OCR (reconnaissance optique de caractères) couplé à des modèles NLP permet d'extraire automatiquement des informations à partir de factures, contrats ou formulaires administratifs. Cela accélère la mise à jour des bases de données internes et limite les erreurs de saisie manuelle.
- **Automatisation de rapports et tableaux de bord :**
  Des systèmes peuvent compiler des données issues de différents départements (ventes, production, ressources humaines) pour générer des rapports périodiques. Ces outils transforment des données brutes en visualisations et indicateurs clés pour la prise de décision.

2. Automatisation dans le service client et la relation client

2.1. Chatbots et assistants virtuels

- **Réponses instantanées aux questions fréquentes :**
  Les chatbots, alimentés par des modèles de langage tels que Claude ou GPT, fournissent une assistance 24/7, réduisant la charge de travail des agents humains. Ils peuvent gérer des demandes simples comme la consultation de solde, l'état d'une commande ou les horaires d'ouverture d'un point de vente.
- **Orientation et prise de rendez-vous :**
  Dans les secteurs de la santé ou de la beauté, par exemple, les assistants virtuels peuvent proposer des créneaux de rendez-vous en fonction de la disponibilité et orienter les clients vers le bon service ou spécialiste.

2.2. Personnalisation et fidélisation

- **Analyse du comportement client :**
  L'automatisation permet de traiter de larges volumes de données clients pour identifier des tendances, personnaliser les recommandations et adapter les offres commerciales.
- **Gestion de campagnes marketing automatisées :**
  Des outils d'emailing et de marketing automation envoient des messages personnalisés, basés sur l'historique d'achat ou le comportement de navigation, renforçant ainsi l'engagement et la fidélisation.

---

3. Automatisation dans la production et la logistique

3.1. Optimisation de la chaîne d'approvisionnement

- **Prévision de la demande et gestion des stocks :**
  Les algorithmes d'apprentissage automatique analysent les

données historiques de ventes, les tendances saisonnières et les signaux de marché pour optimiser les niveaux de stock et éviter les ruptures ou les surstocks.
- **Planification et optimisation des itinéraires :**
  Dans la logistique, des systèmes automatisés déterminent les itinéraires les plus efficaces pour les livraisons, réduisant ainsi les coûts de carburant et améliorant les délais de livraison.

3.2. Automatisation de la production

- **Robots collaboratifs (cobots) :**
  Dans les chaînes de montage, des robots travaillent aux côtés des opérateurs pour réaliser des tâches répétitives, comme l'assemblage de pièces, le conditionnement ou le contrôle qualité.
- **Maintenance prédictive :**
  L'analyse en temps réel des données de machines (vibrations, température, etc.) permet de prévoir les pannes et de planifier la maintenance avant qu'une défaillance majeure n'intervienne.

4. Automatisation dans les domaines financiers et juridiques

4.1. Automatisation des processus financiers

- **Traitement des transactions et réconciliation bancaire :**
  Les systèmes automatisés vérifient et rapprochent les transactions, détectent les anomalies et facilitent la production de bilans financiers, réduisant ainsi les risques d'erreurs humaines et accélérant les clôtures de fin de période.
- **Analyse de risque et conformité :**
  Les algorithmes d'IA examinent les flux de données financières pour identifier des patterns suspects, aidant à la détection de fraudes et à la conformité aux réglementations en vigueur (ex. lutte contre le blanchiment d'argent).

4.2. Automatisation des tâches juridiques

- **Rédaction de documents juridiques :**
  Des outils assistés par l'IA peuvent générer des ébauches de contrats, de clauses légales ou de documents administratifs, permettant aux juristes de se concentrer sur les aspects stratégiques et personnalisés.
- **Recherche juridique :**
  Les systèmes automatisés scrutent des bases de données juridiques pour extraire des précédents, analyser des décisions de justice ou identifier des tendances, facilitant la préparation des dossiers et des conseils juridiques.

---

5. Automatisation dans les ressources humaines

5.1. Recrutement et gestion des candidatures

- **Tri des CV et présélection automatisée :**
  Les outils de traitement du langage naturel analysent les CV pour identifier les compétences clés et comparer les profils avec les exigences du poste, accélérant ainsi la phase de présélection des candidats.
- **Chatbots pour la communication avec les candidats :**
  Ces assistants virtuels répondent aux questions des postulants, planifient des entretiens et fournissent des mises à jour sur l'état d'avancement du processus de recrutement.

5.2. Formation et développement

- **Plateformes de e-learning personnalisées :**
  L'automatisation permet de créer des parcours de formation adaptés aux besoins individuels des employés, avec des évaluations automatiques et des recommandations de modules complémentaires.
- **Suivi de la performance et feedback :**
  Les systèmes automatisés collectent et analysent les données de

performance pour fournir des feedbacks réguliers, identifier des axes d'amélioration et planifier des formations ciblées.

6. Automatisation dans la recherche et développement (R&D)

6.1. Synthèse d'informations et veille technologique

- **Analyse de la littérature scientifique :**
  Les modèles de langage automatisent la lecture et la synthèse de publications académiques, facilitant la veille technologique et la découverte d'informations pertinentes pour l'innovation.
- **Gestion de projets et documentation technique :**
  Des outils automatisés aident à la rédaction et à la mise à jour de documents de recherche, à l'organisation de réunions techniques et à la centralisation des connaissances acquises.

6.2. Prototypage et simulation

- **Génération d'idées et brainstorming assisté :**
  Des systèmes d'IA proposent des scénarios, des idées d'innovation ou des solutions alternatives, stimulant ainsi la créativité et l'efficacité dans les projets de R&D.
- **Automatisation des tests et simulations :**
  Dans le développement de nouveaux produits, des outils automatisés réalisent des simulations de performance, optimisent des paramètres et identifient des zones d'amélioration, réduisant ainsi les cycles de test et d'itération.

7. Autres exemples transversaux

7.1. Gestion de la relation fournisseur

- **Négociation automatisée :**
  Des systèmes peuvent analyser les conditions de marché, générer des propositions contractuelles et même négocier certains paramètres avec les fournisseurs, facilitant la gestion de la chaîne d'approvisionnement.
- **Suivi des commandes et réapprovisionnement :**
  L'automatisation permet de suivre les niveaux de stock en temps réel, de passer automatiquement des commandes lorsque des seuils critiques sont atteints et de coordonner les livraisons.

7.2. Automatisation de la communication interne

- **Intranets intelligents et assistants virtuels :**
  Des chatbots intégrés aux plateformes de communication interne répondent aux questions des employés, facilitent l'accès aux informations de l'entreprise et améliorent la circulation de l'information.
- **Synthèse des réunions et gestion des tâches :**
  L'IA peut transcrire et résumer des réunions, assigner des tâches en fonction des discussions et suivre la progression des projets, renforçant ainsi la coordination au sein des équipes.

Conclusion

L'automatisation des tâches au sein des entreprises offre une véritable révolution dans la gestion des processus métiers. Grâce à des outils basés sur l'intelligence artificielle, les entreprises peuvent :

- Réduire les tâches répétitives et administratives pour se concentrer sur des activités à forte valeur ajoutée.
- Améliorer la qualité et la rapidité du service client grâce à des assistants virtuels et chatbots.
- Optimiser la production, la chaîne d'approvisionnement et la gestion financière par l'analyse de données en temps réel.
- Renforcer la productivité et l'efficacité des équipes de ressources humaines, juridiques, commerciales et de R&D.

- Stimuler la créativité et l'innovation en automatisant la recherche documentaire, la synthèse d'informations et la génération d'idées.

Ces exemples illustrent comment l'automatisation, portée par des technologies avancées comme les grands modèles de langage, transforme l'organisation et la compétitivité des entreprises dans un monde en constante évolution. Chaque secteur bénéficie d'approches sur-mesure qui permettent de réduire les coûts, d'accroître la précision des opérations et d'offrir une expérience utilisateur enrichie, ouvrant la voie à une nouvelle ère de productivité intelligente et responsable.

Comment Claude s'intègre dans des workflows existants (API, intégrations tierces).

1. Les API comme passerelle d'intégration

1.1. Interfaces de programmation (API) REST et GraphQL

- **Accès simplifié :**
  Claude est généralement accessible via des API REST ou GraphQL, ce qui permet aux développeurs de l'appeler à partir de n'importe quel environnement compatible HTTP.
- **Points de terminaison modulaires :**
  Les API offrent des points de terminaison spécifiques pour différentes fonctions, comme la génération de texte, la synthèse de réponses, ou même la modulation de tonalité. Cela permet aux entreprises de choisir précisément les services dont elles ont besoin.

1.2. Authentification et gestion des quotas

- **Sécurité et contrôle d'accès :**
  Pour protéger l'usage et garantir la confidentialité, l'accès à Claude via son API est souvent protégé par des clés d'authentification et des mécanismes d'authentification (OAuth, JWT, etc.).
- **Gestion de l'usage :**
  Les fournisseurs d'API mettent en place des quotas et des politiques de tarification pour gérer l'usage en fonction des besoins de l'entreprise, ce qui permet d'adapter la consommation de ressources et d'optimiser les coûts.

2. Intégration dans des workflows métier existants

2.1. Systèmes CRM et gestion de la relation client

- **Automatisation du service client :**
  Claude peut être intégré aux outils CRM (comme Salesforce, HubSpot, Zoho) pour alimenter des chatbots et des assistants virtuels capables de répondre aux questions des clients, planifier des rendez-vous ou fournir des recommandations personnalisées.
- **Analyse des interactions :**
  L'API de Claude peut traiter des conversations, extraire des insights et enrichir les profils clients avec des données comportementales, aidant ainsi les équipes commerciales à mieux comprendre et anticiper les besoins.

2.2. Plateformes de gestion de contenu et d'édition

- **Création de contenu automatisée :**
  Les équipes marketing et éditoriales peuvent connecter Claude à leurs systèmes de gestion de contenu (CMS) comme WordPress, Drupal ou des solutions propriétaires. Le modèle peut générer des brouillons d'articles, résumer des rapports ou proposer des titres accrocheurs, réduisant ainsi le temps de production.
- **Personnalisation en temps réel :**
  Grâce à une intégration API, Claude peut être sollicité pour personnaliser le contenu affiché sur un site web en fonction du profil de l'utilisateur ou de son historique de navigation, améliorant l'engagement et la conversion.

2.3. Automatisation de la rédaction et des communications internes

- **Workflow de communication :**
  Des plateformes collaboratives comme Slack, Microsoft Teams ou d'autres outils intranet peuvent intégrer Claude pour assister les employés dans la rédaction de courriels, de comptes rendus de réunions ou de rapports administratifs.

- **Chatbots internes :**
  En intégrant Claude via une API, les entreprises peuvent
  déployer des chatbots qui répondent aux questions fréquentes
  des employés (par exemple, sur les politiques internes, les
  procédures RH, ou les demandes informatiques), améliorant la
  fluidité des échanges internes.

3. Intégration avec des systèmes tiers et plateformes spécialisées

3.1. Outils de business intelligence et d'analyse de données

- **Extraction d'insights :**
  Claude peut être intégré à des outils de Business Intelligence
  (BI) pour analyser de grandes quantités de données textuelles,
  extraire des tendances, générer des synthèses et créer des
  rapports intelligents à partir des données brutes.
- **Interfaçage avec des bases de données :**
  Les API permettent à Claude d'interagir directement avec des
  systèmes de bases de données ou des entrepôts de données (data
  warehouses), facilitant l'actualisation en temps réel des tableaux
  de bord décisionnels.

3.2. Applications mobiles et chatbots conversationnels

- **Expérience utilisateur fluide :**
  Les développeurs d'applications mobiles peuvent intégrer
  Claude pour fournir des assistants conversationnels directement
  dans leurs applications, offrant une interface utilisateur plus
  intuitive et interactive.
- **Intégration omnicanale :**
  En reliant Claude à des plateformes de messagerie (WhatsApp,
  Facebook Messenger, etc.), les entreprises peuvent proposer un
  support client et des services automatisés sur divers canaux,
  assurant ainsi une expérience omnicanale cohérente.

3.3. Systèmes ERP et automatisation des processus internes

- **Optimisation des flux de travail :**
  Dans les environnements de gestion intégrée (ERP comme SAP, Oracle), Claude peut être sollicité pour automatiser des tâches telles que la gestion des commandes, la prévision de la demande ou la synthèse des données financières.
- **Réduction des tâches manuelles :**
  En automatisant la génération de rapports, l'analyse de données et la communication inter-départementale, Claude permet aux équipes de se concentrer sur des tâches à plus forte valeur ajoutée.

4. Flexibilité et personnalisation des intégrations

4.1. Développement d'applications spécifiques

- **Adaptation aux besoins métier :**
  Les API de Claude offrent une flexibilité qui permet aux entreprises de développer des applications sur mesure, en intégrant des fonctionnalités spécifiques qui répondent aux particularités de leur secteur ou à des cas d'usage précis.
- **Modules complémentaires et plugins :**
  Des plugins ou modules complémentaires peuvent être conçus pour des plateformes existantes, facilitant l'intégration de Claude sans nécessiter de refonte complète des systèmes existants.

4.2. Écosystème de partenaires et marketplaces

- **Plateformes tierces :**
  Les fournisseurs d'API pour les grands modèles de langage, comme Anthropic, collaborent souvent avec des partenaires technologiques qui proposent des intégrations préconfigurées pour des outils populaires.

- **Marketplaces et solutions SaaS :**
  Des marketplaces spécialisées regroupent des solutions basées sur Claude, permettant aux entreprises de déployer rapidement des applications sans développer l'intégration en interne.

---

5. Avantages et défis de l'intégration

5.1. Avantages

- **Gain de temps et réduction des coûts :**
  L'automatisation des tâches via l'intégration de Claude permet de diminuer les interventions manuelles, d'accélérer les processus et de réaliser des économies significatives en termes de ressources humaines.
- **Amélioration de la qualité et de la cohérence :**
  En standardisant les réponses et en fournissant une assistance constante, Claude contribue à une meilleure qualité de service et à une expérience utilisateur homogène.
- **Adaptabilité et évolutivité :**
  Les API permettent une intégration fluide dans des infrastructures existantes, facilitant ainsi l'extension des services à mesure que l'entreprise grandit ou que ses besoins évoluent.

5.2. Défis

- **Sécurité et confidentialité :**
  L'intégration de Claude dans des workflows sensibles nécessite des protocoles robustes pour garantir la protection des données et la conformité aux régulations (RGPD, HIPAA, etc.).
- **Gestion des erreurs et résilience :**
  Comme toute API, l'API de Claude doit être surveillée et gérée pour assurer une disponibilité constante et une gestion efficace des erreurs afin de ne pas perturber les workflows existants.
- **Personnalisation sans perte de performance :**
  Adapter Claude aux spécificités de chaque entreprise requiert parfois des réglages fins et des personnalisations, ce qui peut

complexifier le déploiement sans affecter la performance globale.

6. Conclusion

L'intégration de Claude dans des workflows existants repose sur une architecture API robuste et flexible, permettant aux entreprises de tirer parti des capacités avancées de ce grand modèle de langage dans divers domaines : service client, gestion de contenu, automatisation des processus internes, et bien plus encore.
En se connectant à des systèmes CRM, ERP, plateformes de BI, applications mobiles et autres outils spécialisés, Claude offre une solution polyvalente et évolutive qui transforme les processus métier.
Tout en apportant des avantages significatifs en termes de productivité et de qualité de service, cette intégration nécessite une attention particulière aux questions de sécurité, de personnalisation et de gestion des erreurs, afin de garantir une expérience fluide et conforme aux attentes des utilisateurs finaux.

Ainsi, Claude se positionne non seulement comme un puissant moteur de génération de texte, mais aussi comme un élément clé dans l'optimisation des workflows d'entreprise, facilitant une transformation digitale harmonieuse et responsable.

Chapitre 6 : Dialogue et interaction avec Claude

Processus de "prompting" : comment poser les bonnes questions pour obtenir des réponses pertinentes.

1. Comprendre le "Prompting" et son importance

1.1. Définition et rôle

- **Prompting** est la manière dont on "invite" le modèle à générer une réponse en lui fournissant un contexte ou une question.
- La formulation du prompt influe directement sur la qualité, la précision et la pertinence des réponses générées.
- Un bon prompt guide le modèle, limite les ambiguïtés et permet d'exploiter au mieux les capacités de compréhension du langage.

1.2. Importance dans l'interaction avec les LLM

- Les modèles de langage, malgré leur taille et leurs performances, n'ont pas de compréhension intrinsèque comme un humain. Leur "connaissance" résulte d'une statistique sur d'énormes corpus textuels.
- Un prompt bien conçu permet de **diriger l'attention** du modèle sur l'information pertinente et de structurer la réponse de manière cohérente.
- Dans le contexte professionnel, le prompting efficace peut transformer l'expérience utilisateur en offrant des résultats plus précis, adaptés et fiables.

---

2. Stratégies pour formuler des prompts efficaces

2.1. Précision et contexte

- **Spécificité :**
  Préciser le sujet ou le domaine permet d'éviter les réponses trop génériques. Par exemple, au lieu de demander "Explique la biologie", il est préférable de formuler "Explique comment la photosynthèse permet aux plantes de convertir la lumière en énergie".
- **Contexte détaillé :**
  Fournir des informations contextuelles, comme des exemples, des définitions ou des contraintes, aide le modèle à mieux comprendre la demande.
  o Par exemple, en demandant "Peux-tu me donner trois exemples concrets d'automatisation dans le secteur bancaire, en insistant sur l'impact sur la réduction des coûts et l'amélioration du service client ?", on guide le modèle pour fournir des réponses structurées et pertinentes.

2.2. Structuration du prompt

- **Utiliser des listes ou des questions multiples :**
  Diviser le prompt en sous-questions ou points à aborder permet de clarifier les attentes.
  o Exemple : "1. Quelles sont les principales étapes de la photosynthèse ? 2. Quels enzymes sont impliquées ? 3. Comment ces processus influencent-ils la croissance des plantes ?"
- **Encadrer le format de la réponse :**
  Demander explicitement un format particulier (liste, paragraphe structuré, résumé) aide le modèle à organiser son output de façon lisible et exploitable.
  o Exemple : "Présente-moi un résumé en cinq points des défis technologiques dans l'IA."

2.3. Utilisation d'instructions explicites

- **Directives claires :**
  Les instructions doivent préciser le style, le ton et la profondeur souhaités.

- o Exemple : "Écris un article informatif et détaillé sur l'histoire de l'intelligence artificielle, en adoptant un ton académique et en citant des exemples précis."
- **Exemples et contre-exemples :**
  Fournir un exemple de réponse attendue ou indiquer ce qu'il faut éviter permet d'affiner davantage le comportement du modèle.

---

3. Techniques avancées de "prompting"

3.1. Utilisation de "chain-of-thought"

- **Inciter à la réflexion pas à pas :**
  Demander au modèle d'expliquer ses raisonnements étape par étape peut améliorer la qualité des réponses, surtout pour des tâches complexes ou des problèmes de logique.
- o Exemple : "Décris, étape par étape, comment résoudre une équation quadratique, en expliquant chaque manipulation mathématique."

3.2. Modulation via des "prompts de rôle"

- **Adopter une perspective spécifique :**
  Inviter le modèle à répondre en se mettant dans la peau d'un expert ou d'un conseiller permet d'obtenir des réponses plus spécialisées.
- o Exemple : "En tant qu'expert en économie, explique les effets d'une politique monétaire expansionniste sur l'inflation."

3.3. Ajustement de la longueur et du niveau de détail

- **Définir des contraintes de longueur :**
  Spécifier si la réponse doit être courte et synthétique ou détaillée et exhaustive permet de cadrer la réponse.
- o Exemple : "Fais-moi un résumé en 200 mots de la révolution industrielle en mettant en avant les changements technologiques majeurs."

- **Demander des clarifications ou des développements supplémentaires :**
  Un prompt peut être enrichi par une demande de précisions sur certains points, incitant le modèle à approfondir un sujet donné.

---

4. Bonnes pratiques et écueils à éviter

4.1. Clarté et concision

- **Éviter les ambiguïtés :**
  Les prompts doivent être formulés de manière claire et concise pour limiter les interprétations multiples.
- **Reformuler en cas de besoin :**
  Si la réponse initiale est vague ou hors sujet, il peut être utile de reformuler ou de préciser davantage le prompt.

4.2. Tester et itérer

- **Processus itératif :**
  La conception de prompts efficaces nécessite souvent plusieurs essais. Ajuster la formulation en fonction des réponses obtenues permet d'affiner progressivement le prompt.
- **Collecter des retours :**
  Dans un environnement professionnel, analyser les réponses et obtenir des retours utilisateurs aide à améliorer la qualité des prompts.

4.3. Sensibilité aux biais du modèle

- **Reconnaître les limites :**
  Même avec un bon prompt, les réponses peuvent refléter des biais présents dans le modèle.
- **Appliquer des filtres ou des instructions de sécurité :**
  Il est souvent nécessaire d'inclure des avertissements ou des contraintes pour éviter des contenus inappropriés, surtout sur des sujets sensibles.

5. Exemples concrets de prompts efficaces

Exemple 1 : Application en service client

- **Prompt simple :** "Explique-moi comment annuler une réservation en ligne."
- **Prompt amélioré :** "En tant qu'assistant du service client d'une compagnie aérienne, décris en cinq étapes détaillées la procédure pour annuler une réservation en ligne, en précisant les conditions et les remboursements éventuels."

Exemple 2 : Application en rédaction

- **Prompt simple :** "Rédige un article sur le changement climatique."
- **Prompt amélioré :** "Rédige un article de 800 mots sur le changement climatique en te concentrant sur les causes anthropiques, les conséquences sur l'écosystème mondial et les solutions possibles. Utilise un ton informatif et cite des données récentes pour illustrer tes points."

Exemple 3 : Application en éducation

- **Prompt simple :** "Explique la photosynthèse."
- **Prompt amélioré :** "En tant que professeur de biologie pour des élèves de lycée, explique la photosynthèse de manière claire et structurée. Décris les réactions chimiques impliquées, les organites concernés et l'importance de ce processus pour l'environnement. Utilise des exemples concrets pour illustrer tes explications."

6. Conclusion

Le **processus de prompting** est une composante essentielle pour tirer pleinement parti des capacités des grands modèles de langage. En posant des questions claires, détaillées et structurées, il est possible d'obtenir des réponses qui répondent précisément aux besoins des utilisateurs, que ce soit dans un contexte professionnel, éducatif ou créatif.

Pour y parvenir, il est crucial de :

- **Fournir un contexte précis** et des instructions claires,
- **Structurer le prompt** pour guider le modèle de manière optimale,
- **Utiliser des techniques avancées** comme le chain-of-thought et les prompts de rôle,
- **Itérer et ajuster** en fonction des retours et des performances observées.

Ainsi, le succès du prompting repose sur un équilibre entre la rigueur technique et la créativité dans la formulation, permettant d'exploiter pleinement le potentiel d'outils comme Claude pour générer des réponses pertinentes, utiles et adaptées aux divers besoins.

Démonstrations concrètes, astuces et bonnes pratiques d'interaction.

1. Démonstrations concrètes d'interactions réussies

1.1. Exemples de prompts adaptés à des cas d'usage spécifiques

- **Service Client :**
  Exemple simple : «□Comment puis-je suivre ma commande□? »
  Exemple amélioré : «□En tant qu'assistant du service client pour une boutique en ligne, décris-en 5 étapes comment un client peut vérifier le statut de sa commande en utilisant son numéro de suivi. Mentionne également les délais de mise à jour et les solutions en cas de problème.□»
  Impact : Ce prompt donne au modèle un contexte précis (service client, boutique en ligne) et structure la réponse en plusieurs étapes, ce qui améliore la clarté et la pertinence de l'information fournie.
- **Rédaction de contenu marketing :**
  Exemple simple : «□Rédige un article sur le développement durable.□»
  Exemple amélioré : «□En tant que rédacteur spécialisé en marketing digital, écris un article de 600 mots sur le développement durable, en insistant sur les innovations technologiques qui favorisent la transition énergétique. Utilise un ton engageant et inclus des exemples concrets d'entreprises pionnières dans ce domaine.□»
  Impact : Le prompt détaillé guide le modèle sur la longueur, le ton et les exemples attendus, ce qui permet d'obtenir un contenu plus ciblé et professionnel.
- **Enseignement et tutorat :**
  Exemple simple : «□Explique la photosynthèse.□»
  Exemple amélioré : «□En tant que professeur de biologie de niveau lycée, explique la photosynthèse en détaillant les

réactions chimiques impliquées, le rôle des chloroplastes et l'importance de ce processus pour l'écosystème. Utilise des analogies simples pour faciliter la compréhension des élèves.□»
Impact : Ici, le contexte éducatif et le niveau de détail souhaité aident le modèle à adapter son vocabulaire et à utiliser des exemples pédagogiques pertinents.

1.2. Interaction en dialogue et contextualisation

- **Maintien du contexte dans une conversation :**
  Lors d'un échange multi-tour, il est important de rappeler brièvement le contexte ou de référencer les points abordés précédemment.
  Exemple : «□Pour continuer sur notre discussion sur le développement durable, peux-tu détailler comment les technologies vertes influencent la réduction des émissions de CO_2 dans les industries lourdes□?□»
  Astuce : Référencer les messages antérieurs permet au modèle de mieux comprendre l'évolution de la conversation et de fournir une réponse cohérente.
- **Utilisation d'instructions itératives :**
  Il est possible d'affiner progressivement la demande si la première réponse n'est pas entièrement satisfaisante.
  Exemple : Après une première réponse trop générale, demander «□Peux-tu préciser les impacts sur la chaîne d'approvisionnement et donner des exemples spécifiques d'entreprises qui ont mis en œuvre ces technologies□?□»
  Astuce : Cette méthode d'itération permet de préciser les attentes et d'orienter le modèle vers une réponse plus complète et détaillée.

---

2. Astuces pour améliorer l'interaction avec les modèles de langage

2.1. Structurer la demande

- **Utiliser des listes numérotées ou à puces :**
  Formuler des questions en plusieurs parties ou sous-questions
  aide le modèle à structurer sa réponse de manière claire.
  Exemple : «☐Peux-tu me donner :
  1. Une définition concise du deep learning,
  2. Un exemple d'application dans la reconnaissance d'images,
  3. Les principaux défis de l'entraînement des réseaux de
     neurones☐?☐»
- **Encadrer le format de la réponse :**
  Si un format particulier est souhaité (ex. résumé en 3 points,
  tableau comparatif, etc.), l'indiquer dans le prompt permet
  d'obtenir une réponse organisée et facile à exploiter.

2.2. Préciser le ton et le style

- **Adapter le ton au public cible :**
  Préciser si la réponse doit être formelle, technique, pédagogique
  ou amicale permet au modèle de choisir le vocabulaire et le style
  appropriés.
  Exemple : «☐Adopte un ton académique et formel pour
  expliquer… » ou «☐Utilise un style simple et accessible pour
  décrire… »
- **Donner des exemples de réponses attendues :**
  Mentionner brièvement ce que vous attendez aide à orienter le
  modèle.
  Exemple : «☐Je recherche une explication structurée avec des
  exemples concrets, semblable à un article de revue
  scientifique.☐»

2.3. Utiliser des "prompts de rôle"

- **Se positionner en expert ou conseiller :**
  En demandant au modèle de répondre comme s'il était un
  spécialiste d'un domaine, on peut obtenir des réponses plus
  pointues.
  Exemple : «☐En tant qu'expert en intelligence artificielle, décris
  les avantages et les limites des réseaux de neurones convolutifs
  dans la reconnaissance d'images.☐»

- **Changer de perspective selon le contexte :**
  Pour obtenir une réponse sous différents angles, il est possible de demander plusieurs points de vue (ex. scientifique, commercial, éthique).
  Exemple : «□Explique d'abord d'un point de vue technique, puis d'un point de vue commercial, l'impact des technologies de l'IA sur le secteur de la santé.□»

3. Bonnes pratiques d'interaction continue

3.1. Itération et ajustement

- **Répéter ou reformuler la demande en cas de besoin :**
  Si la réponse initiale ne correspond pas aux attentes, il est judicieux de reformuler le prompt en ajoutant plus de précisions ou en clarifiant certains points.
- **Recueillir des retours utilisateurs :**
  Dans un contexte d'usage professionnel, tester différentes formulations et recueillir les retours des utilisateurs finaux permet d'optimiser les prompts de manière empirique.

3.2. Documenter les meilleures pratiques

- **Créer une bibliothèque de prompts efficaces :**
  Les entreprises peuvent mettre en place des bases de données internes regroupant des prompts ayant donné de bons résultats pour différents cas d'usage.
- **Former les équipes sur les principes du prompting :**
  Former les utilisateurs internes (rédacteurs, analystes, développeurs) à formuler des prompts clairs et structurés permet d'optimiser l'utilisation des modèles de langage et d'améliorer la qualité des réponses.

3.3. Monitorer et évaluer les interactions

- **Analyser les réponses du modèle :**
  Mettre en place des indicateurs de qualité (pertinence, cohérence, longueur, exactitude) et évaluer régulièrement les interactions aide à identifier les axes d'amélioration.
- **Tester avec des scénarios variés :**
  Il est recommandé d'utiliser un large éventail de prompts couvrant différents domaines et niveaux de complexité pour s'assurer que le modèle répond de manière satisfaisante dans divers contextes.

4. Conclusion

Le processus de démonstration, les astuces et les bonnes pratiques d'interaction avec des modèles de langage tels que Claude reposent sur une formulation précise, structurée et contextuelle des prompts. En appliquant ces méthodes, il est possible de :

- Orienter le modèle pour obtenir des réponses claires, détaillées et adaptées aux besoins spécifiques,
- Maintenir une interaction fluide et cohérente sur plusieurs tours de conversation,
- Optimiser la qualité des résultats par des itérations successives et une documentation des meilleures pratiques.

En somme, maîtriser l'art du prompting permet non seulement d'améliorer l'efficacité de l'outil, mais aussi d'exploiter pleinement le potentiel des modèles de langage dans des applications variées, allant du service client à la création de contenu, en passant par l'éducation et bien d'autres domaines. Cette approche dynamique et itérative s'inscrit dans une démarche d'amélioration continue, essentielle pour tirer le meilleur parti des technologies d'intelligence artificielle.

Limites de Claude et conseils pour contourner ou résoudre les problèmes courants.

1. Limites inhérentes aux modèles de langage

1.1. Hallucinations et inexactitudes

- **Définition :**
  Claude, comme d'autres LLM, peut parfois générer des informations erronées ou inventées, un phénomène communément appelé « hallucination ».
- **Causes :**
  o La dépendance à d'immenses corpus textuels qui contiennent eux-mêmes des erreurs ou des approximations.
  o La modélisation statistique qui privilégie la cohérence apparente au détriment de la véracité factuelle.
- **Conséquences :**
  o Réponses imprécises, pouvant induire en erreur dans des contextes critiques (médical, juridique, scientifique).

1.2. Sensibilité aux formulations et manque de robustesse

- **Variabilité des prompts :**
  La réponse de Claude peut varier significativement en fonction de la formulation du prompt.
- **Problèmes de cohérence sur plusieurs tours :**
  Dans des conversations étendues, le modèle peut perdre le contexte ou donner des réponses incohérentes par rapport à des informations précédemment évoquées.
- **Incertitude sur les domaines spécialisés :**
  Pour des questions pointues ou des domaines très techniques, Claude peut parfois donner des réponses approximatives ou manquer de profondeur.

1.3. Limites du contexte et mémoire

- **Fenêtre contextuelle limitée :**
  Même si Claude est conçu pour gérer un grand nombre de tokens, il existe une limite sur la quantité d'informations que le modèle peut « retenir » simultanément.
- **Effet de dégradation du contexte :**
  Lorsque la conversation dépasse la fenêtre contextuelle, les informations initiales peuvent être oubliées ou mal interprétées.

1.4. Biais et contraintes éthiques

- **Biais hérités des données :**
  Claude peut refléter des stéréotypes ou des biais présents dans les données d'entraînement, malgré des mécanismes de filtrage et d'alignement.
- **Censure excessive ou limitation de la liberté d'expression :**
  Les mesures mises en place pour éviter la génération de contenus inappropriés peuvent parfois conduire à une censure trop stricte, limitant la richesse des réponses dans certains domaines.

---

2. Conseils et stratégies pour contourner ou résoudre ces problèmes

2.1. Pour gérer les hallucinations et inexactitudes

- **Vérification des sources :**
  Toujours vérifier les informations importantes avec des sources fiables. Par exemple, pour des données scientifiques ou techniques, consulter des articles de recherche ou des publications reconnues.
- **Utiliser des prompts de clarification :**
  Si la réponse semble douteuse, demander au modèle de détailler son raisonnement ou de fournir des références peut aider à identifier les erreurs.
- **Itération et reformulation :**
  En cas de réponse imprécise, reformuler le prompt en incluant

davantage de contexte ou en posant des questions spécifiques peut conduire à une réponse plus rigoureuse.

2.2. Pour améliorer la cohérence et la robustesse des réponses

- **Contextualisation claire :**
  Dans des dialogues étendus, rappeler brièvement les points clés précédemment abordés dans chaque nouveau prompt aide à maintenir la cohérence.
- **Prompts multi-étapes :**
  Diviser les demandes complexes en plusieurs sous-questions permet d'obtenir des réponses plus structurées et détaillées.
- **Utiliser des prompts de rôle :**
  Demander au modèle de répondre en se plaçant dans le rôle d'un expert peut aider à obtenir des réponses plus ciblées et robustes.

2.3. Pour contourner les limites de la fenêtre contextuelle

- **Résumé périodique :**
  Lors de conversations longues, demander à Claude de résumer les points essentiels régulièrement aide à « rafraîchir » le contexte et à conserver les informations importantes.
- **Segmenter la conversation :**
  Diviser les interactions en modules indépendants et les lier par des résumés permet de traiter des tâches complexes sans perdre le fil de l'information.

2.4. Pour atténuer les biais et gérer les contraintes éthiques

- **Curation et ajustement des prompts :**
  Lorsqu'on aborde des sujets sensibles, il est important de formuler les prompts de manière neutre et équilibrée.
- **Utilisation de filtres explicites :**
  Inclure des instructions spécifiques dans le prompt pour éviter

certains contenus ou stéréotypes peut aider à réduire la
manifestation de biais.

- **Feedback continu :**
  Intégrer un système de feedback où les utilisateurs signalent les
  réponses biaisées ou inappropriées permet de peaufiner le
  modèle et d'ajuster les paramètres d'alignement.

---

3. Meilleures pratiques pour une interaction optimale avec Claude

3.1. Itération et test A/B

- **Tester différentes formulations de prompts** et comparer les
  réponses pour identifier celles qui donnent les résultats les plus
  cohérents et précis.
- **Documenter les meilleures pratiques** de prompting dans
  l'entreprise permet de partager les connaissances internes et
  d'homogénéiser l'usage du modèle.

3.2. Personnalisation et ajustements contextuels

- **Adapter le prompt en fonction du public cible** : pour des
  contenus techniques, utiliser un vocabulaire spécialisé ; pour des
  contenus éducatifs, privilégier la simplicité et la pédagogie.
- **Utiliser des guides contextuels** qui précisent les attentes,
  comme des exemples de réponse attendue, pour orienter le
  modèle de manière précise.

3.3. Surveillance et réajustement en continu

- **Mettre en place des systèmes de monitoring** pour suivre les
  performances et les éventuelles déviations du modèle,
  permettant ainsi une réactivité rapide en cas de problème.
- **Effectuer des audits réguliers** par des équipes internes ou
  externes (red teams) pour identifier et corriger les
  comportements indésirables.

4. Conclusion

Bien que Claude offre des capacités impressionnantes pour générer et traiter le langage, il présente des limites inhérentes telles que des hallucinations, une sensibilité aux formulations, une fenêtre contextuelle limitée et des biais potentiels. Pour contourner ces problèmes, plusieurs stratégies peuvent être mises en œuvre :

- **Vérification des informations** par des sources externes et itération des prompts pour réduire les erreurs.
- **Structuration claire des interactions** et utilisation de techniques avancées de prompting pour améliorer la cohérence.
- **Segmentation du contexte** et résumés réguliers pour pallier les limites de la mémoire à long terme.
- **Ajustement des instructions** pour atténuer les biais et garantir une réponse éthique et équilibrée.

L'adoption de ces bonnes pratiques permet non seulement d'améliorer la qualité des réponses de Claude, mais aussi d'optimiser son intégration dans des applications professionnelles variées, tout en assurant une utilisation responsable et sécurisée des technologies d'intelligence artificielle.

Chapitre 7 : Contributions d'Anthropic à l'éthique de l'IA

Approche d'Anthropic sur la transparence et la réduction de la désinformation.

1. Fondements philosophiques et objectifs

1.1. Une mission éthique et responsable

- **Vision à long terme :** Anthropic place la sécurité et l'éthique au cœur de sa mission, en considérant que le développement de l'IA doit être bénéfique pour l'ensemble de la société. L'entreprise se fixe pour objectif de réduire les risques de dérives (désinformation, biais, contenus nocifs) tout en promouvant une IA qui soutient la transparence.
- **Alignement sur les valeurs humaines :** Le but est que les systèmes d'IA, comme Claude, reflètent les principes et valeurs de la société – respect, impartialité et véracité – afin de limiter la propagation d'informations erronées ou trompeuses.

1.2. La nécessité de transparence

- **Communication ouverte sur les méthodes :** Anthropic s'engage à partager, dans la mesure du possible, les grandes lignes de ses méthodes de filtrage, d'entraînement et d'alignement. Cette transparence vise à renforcer la confiance des utilisateurs, des régulateurs et de la communauté scientifique.
- **Responsabilité et redevabilité :** En exposant les principes directeurs et les protocoles internes (comme la "Constitutional AI"), Anthropic cherche à établir des standards de gouvernance de l'IA qui puissent être vérifiés et critiqués de manière constructive.

2. Mécanismes techniques pour la réduction de la désinformation

2.1. L'approche "Constitutional AI"

- **Définition d'une constitution pour le modèle :** Anthropic développe une approche dans laquelle le modèle est guidé par un ensemble explicite de règles ou de principes éthiques – sa « constitution ». Ces règles servent de cadre pour évaluer et modérer les réponses générées, afin de limiter la désinformation et les contenus potentiellement dangereux.
- **Apprentissage renforcé avec feedback humain (RLHF) :** Lors du fine-tuning, des annotateurs humains évaluent les réponses du modèle. Le feedback est utilisé pour réorienter le comportement du modèle, en sanctionnant les réponses erronées ou trompeuses et en renforçant celles qui respectent les principes établis.

2.2. Filtrage et curation des données

- **Sélection rigoureuse des sources :** Lors de la phase de pré-entraînement, Anthropic effectue un filtrage poussé des corpus utilisés, en éliminant autant que possible les sources connues pour propager des informations erronées, biaisées ou de faible qualité.
- **Contrôle des biais inhérents :** L'entreprise met en place des systèmes de détection pour identifier et atténuer les biais présents dans les données d'entraînement, minimisant ainsi le risque que le modèle ne reproduise ou amplifie des erreurs factuelles ou des stéréotypes.

2.3. Protocoles d'évaluation et audits

- **Tests de robustesse :** Anthropic organise régulièrement des sessions de tests, souvent appelées « red team tests », où des équipes internes ou externes cherchent à pousser le modèle à ses limites pour identifier des failles potentielles en termes de désinformation ou de contenu inapproprié.

- **Mise à jour continue des mécanismes de modération :** Sur la base des retours issus de ces audits, les algorithmes de filtrage et les règles de la constitution sont régulièrement réévalués et améliorés pour rester pertinents face à l'évolution des discours et des contextes sociétaux.

---

3. Transparence dans la communication et l'interaction avec la communauté

3.1. Publication des recherches et des méthodes

- **Partage des avancées scientifiques :** Anthropic publie régulièrement des articles et des rapports techniques qui détaillent, au moins partiellement, les méthodes mises en œuvre pour l'alignement et la modération des modèles. Ces publications contribuent à la discussion académique et permettent aux chercheurs de comparer et de challenger les approches existantes.
- **Participation à des forums et conférences :** L'entreprise s'implique activement dans les conférences internationales et les groupes de travail sur la sécurité et l'éthique de l'IA, favorisant ainsi l'échange de bonnes pratiques et la transparence sur ses démarches.

3.2. Documentation accessible et guides d'utilisation

- **Ressources pédagogiques :** Anthropic propose des guides, des documentations et des exemples d'utilisation de ses API et de ses modèles pour aider les développeurs à comprendre les principes de modération intégrés. Ces ressources expliquent notamment comment formuler des prompts de manière à minimiser le risque de générer de la désinformation.
- **Transparence sur les limitations :** En plus de partager ses réussites, l'entreprise communique également sur les limites actuelles de ses modèles, invitant les utilisateurs à faire preuve

de vigilance et à combiner l'IA avec une vérification humaine, surtout dans des domaines sensibles ou critiques.

4. Collaboration et engagement avec les parties prenantes

4.1. Partenariats avec des institutions et des ONG

- **Initiatives communes :** Anthropic collabore avec des organismes de régulation, des groupes de défense des droits numériques et des universités pour développer des standards éthiques et techniques visant à réduire la désinformation.
- **Audits indépendants :** En s'associant avec des experts externes, l'entreprise encourage des audits indépendants qui permettent de valider ses processus de modération et d'alignement, renforçant ainsi la crédibilité de ses démarches.

4.2. Dialogue avec la communauté

- **Feedback public :** En invitant les utilisateurs à signaler les réponses problématiques et en intégrant ces retours dans les itérations futures, Anthropic adopte une démarche collaborative visant à améliorer continuellement la qualité et la fiabilité de ses modèles.
- **Transparence proactive :** L'entreprise cherche à être proactive en communiquant sur les défis rencontrés, les améliorations apportées et les perspectives futures pour lutter contre la désinformation, afin de construire un climat de confiance avec ses clients et partenaires.

5. Défis persistants et perspectives d'amélioration

5.1. Complexité de l'information et évolutivité

- **Évolution des discours :** La désinformation et les biais évoluent avec le temps et les contextes sociopolitiques. Les systèmes de modération doivent donc être constamment mis à jour pour rester efficaces face aux nouvelles formes de discours trompeur ou extrémiste.
- **Scalabilité des solutions :** À mesure que les modèles s'étendent et que leur utilisation se généralise, maintenir une transparence totale et une modération fine reste un défi technique et organisationnel.

5.2. Équilibre entre sécurité et liberté d'expression

- **Risques de censure excessive :** Une modération trop rigide peut empêcher la diffusion d'informations légitimes ou nuancer des débats complexes. L'objectif est de trouver un juste équilibre qui protège contre la désinformation sans restreindre indûment la liberté d'expression.
- **Adaptation aux contextes locaux :** Les normes culturelles et juridiques varient d'un pays à l'autre. Anthropic doit concevoir des mécanismes modulables qui permettent d'adapter les règles de modération aux contextes spécifiques des utilisateurs finaux.

---

6. Conclusion

L'approche d'Anthropic sur la transparence et la réduction de la désinformation s'articule autour de plusieurs axes clés□ :

- **Intégration d'une "Constitutional AI"** qui définit un cadre éthique strict pour le comportement des modèles,
- **Filtrage et curation rigoureux des données** pour limiter l'apport de contenus erronés dès le départ,
- **Mécanismes de feedback et de modération avancés** (y compris le RLHF et les audits red team) pour ajuster en continu le modèle,
- **Communication ouverte et partenariats** avec la communauté scientifique et les régulateurs, afin de promouvoir des pratiques responsables.

En adoptant cette stratégie multidimensionnelle, Anthropic s'efforce non seulement de réduire la propagation de la désinformation, mais aussi de bâtir un écosystème d'IA qui inspire confiance et qui puisse servir d'exemple pour l'ensemble du secteur. Cette démarche, combinant innovation technique et engagement éthique, vise à assurer que les technologies d'intelligence artificielle soient déployées de manière à renforcer le bien commun, tout en minimisant les risques inhérents à leur utilisation.

Politiques et protocoles mis en place pour éviter les usages malveillants de l'IA.

1. Contexte et enjeux

1.1. Risques liés aux usages malveillants

- **Désinformation et manipulation :**
  Les modèles de langage, en générant du texte convaincant, peuvent être détournés pour produire et diffuser des fausses informations, influencer des opinions politiques ou amplifier des discours extrémistes.
- **Contenus haineux et discriminatoires :**
  Sans encadrement strict, l'IA peut reproduire ou même renforcer des stéréotypes, propager des messages de haine ou encourager des comportements discriminatoires.
- **Exploitation criminelle :**
  Des acteurs malveillants pourraient utiliser l'IA pour automatiser des campagnes de phishing, générer des emails frauduleux ou contourner des systèmes de sécurité.

1.2. Importance des politiques de prévention

- **Responsabilité sociale :**
  Les entreprises qui développent et déploient des modèles d'IA se doivent d'agir de manière responsable pour protéger les utilisateurs et la société dans son ensemble.
- **Confiance et adoption :**
  La mise en place de mesures de sécurité renforce la confiance des utilisateurs, des partenaires et des régulateurs, favorisant ainsi une adoption plus large et éthique de ces technologies.

---

2. Politiques internes et protocoles techniques

2.1. Filtrage et curation des données

- **Sélection rigoureuse des sources :**
  Dès la phase de pré-entraînement, les corpus de données sont minutieusement filtrés pour éliminer les contenus explicitement violents, haineux ou trompeurs.
- **Réduction des biais :**
  Des méthodes de détection et de correction des biais sont appliquées afin d'éviter que les modèles ne reproduisent des stéréotypes ou des préjugés indésirables.

2.2. Approche "Constitutional AI"

- **Définition d'un cadre éthique :**
  La stratégie de "Constitutional AI" consiste à doter le modèle d'un ensemble de règles éthiques, une sorte de charte interne qui guide son comportement lors de l'inférence.
- **Directives explicites :**
  Ces règles couvrent notamment le refus de générer des contenus violents, haineux ou illégaux, tout en imposant une neutralité et une précision dans les réponses fournies.

2.3. Renforcement par apprentissage supervisé et feedback humain

- **RLHF (Reinforcement Learning from Human Feedback) :**
  Le processus de fine-tuning intègre des évaluations humaines qui signalent les comportements indésirables du modèle. Ces retours permettent d'ajuster les paramètres pour renforcer les réponses conformes aux normes éthiques et de décourager les dérives.
- **Itérations et ajustements continus :**
  Le modèle est régulièrement réentraîné et ajusté en fonction des retours des utilisateurs et des audits internes, garantissant une amélioration continue dans la gestion des contenus potentiellement malveillants.

2.4. Protocoles de modération en temps réel

- **Systèmes de détection automatique :**
  Des algorithmes spécialisés analysent en temps réel les requêtes entrantes et les réponses générées pour détecter tout contenu à risque.
- **Refus ou redirection :**
  En cas de détection d'un contenu problématique, le modèle peut être programmé pour refuser de répondre ou pour rediriger la conversation vers une réponse neutre et sécurisée.

---

3. Audits, red teaming et supervision externe

3.1. Audits internes réguliers

- **Tests de robustesse :**
  Les équipes de développement effectuent des audits internes en soumettant le modèle à des scénarios critiques pour identifier les points faibles et les risques de dérives.
- **Mesure de la performance éthique :**
  Des indicateurs spécifiques, tels que le taux de refus de contenus sensibles ou la fréquence des réponses biaisées, sont suivis pour évaluer l'efficacité des mesures de modération.

3.2. Red teaming et audits indépendants

- **Engagement d'experts externes :**
  Des équipes de "red teams" (groupes de testeurs spécialisés) sont engagées pour tenter de contourner les mesures de sécurité et provoquer des défaillances dans le système.
- **Retour d'expérience et correction :**
  Les résultats de ces tests permettent d'identifier des failles non prévues et d'apporter des correctifs rapides, renforçant ainsi la résilience du modèle face aux usages malveillants.

3.3. Collaboration avec les régulateurs et la communauté

- **Partenariats institutionnels :**
  Anthropic collabore avec des organismes de régulation et des groupes de recherche pour partager des bonnes pratiques et contribuer à l'élaboration de standards internationaux pour l'IA éthique.
- **Transparence sur les protocoles :**
  En participant à des conférences et en publiant des rapports, l'entreprise s'engage à être transparente sur les politiques mises en place, facilitant ainsi la confiance et l'acceptation de ses technologies.

---

4. Mesures complémentaires et gestion des risques évolutifs

4.1. Adaptabilité et mises à jour continues

- **Suivi des évolutions sociétales :**
  Les politiques de modération doivent s'adapter aux évolutions des discours publics et aux nouveaux modes d'exploitation malveillante. Anthropic met en place des processus de révision régulière des règles internes.
- **Intégration des retours utilisateurs :**
  Les retours directs des utilisateurs et des partenaires permettent de détecter des usages non prévus et d'ajuster rapidement les protocoles pour limiter les risques.

4.2. Gestion des crises et procédures d'urgence

- **Plans de contingence :**
  En cas d'utilisation abusive détectée à grande échelle, des procédures d'urgence sont prévues pour interrompre temporairement l'accès au modèle ou déployer des mises à jour de sécurité.
- **Communication transparente :**
  En cas de faille, il est essentiel d'informer rapidement les parties

prenantes et de décrire les mesures prises pour corriger le problème, afin de maintenir la confiance.

---

5. Conclusion

Les politiques et protocoles mis en place pour éviter les usages malveillants de l'IA illustrent une démarche proactive et multidimensionnelle. Elles reposent sur plusieurs piliers essentiels :

- **La curation et le filtrage rigoureux des données,** afin de limiter l'apport initial de contenus toxiques ou biaisés.
- **L'approche "Constitutional AI"** qui établit un cadre éthique clair pour guider les réponses du modèle.
- **L'apprentissage par feedback humain et les itérations de fine-tuning,** qui permettent de corriger les dérives et d'améliorer continuellement le comportement du modèle.
- **Les audits internes et red teaming,** qui identifient les failles potentielles et renforcent la résilience face aux tentatives d'exploitation malveillante.
- **La collaboration avec les régulateurs et la communauté scientifique,** afin de promouvoir des standards universels et de garantir la transparence des processus.

En adoptant cette approche intégrée, Anthropic cherche à minimiser les risques associés aux usages malveillants de l'IA tout en favorisant une utilisation responsable et éthique de ses technologies, garantissant ainsi qu'elles servent le bien commun et renforcent la confiance dans l'intelligence artificielle.

Dialogue avec la communauté scientifique et le public pour promouvoir une IA responsable.

1. Engagement avec la communauté scientifique

1.1. Participation active aux conférences et séminaires

- **Présentations et publications** :
  Anthropic participe régulièrement à des conférences internationales (NeurIPS, ICML, ICLR, AAAI, etc.) où ses chercheurs présentent des travaux sur l'alignement, la modération et la sûreté des modèles de langage. Ces présentations permettent de partager les avancées techniques et de débattre des enjeux éthiques.
- **Ateliers et groupes de travail** :
  L'entreprise organise ou co-organise des ateliers spécialisés qui réunissent chercheurs, praticiens et régulateurs pour discuter des meilleures pratiques en matière de sécurité de l'IA, de réduction des biais et de gouvernance éthique.

1.2. Collaboration avec des institutions académiques et de recherche

- **Projets de recherche collaboratifs** :
  Anthropic travaille en partenariat avec des universités et des centres de recherche pour développer des protocoles d'évaluation et des outils permettant de mesurer la robustesse et l'alignement des modèles d'IA.
- **Partage des résultats et des données** :
  Même si certains aspects restent propriétaires, l'entreprise publie régulièrement des articles et des rapports techniques sur des plateformes telles qu'arXiv. Ces publications permettent à la communauté scientifique de reproduire les résultats, de proposer des améliorations et de contribuer à l'évolution des normes.
- **Initiatives open source** :
  La collaboration se traduit parfois par la mise à disposition

d'outils et de librairies open source, favorisant ainsi l'adoption de standards communs et la transparence des méthodes.

2. Dialogue avec le public et sensibilisation

2.1. Communication transparente sur les enjeux et les méthodes

- **Blogs et rapports** :
  Anthropic met en ligne des articles de blog, des livres blancs et des rapports d'activité qui détaillent non seulement les avancées techniques, mais aussi les défis éthiques et les mesures mises en place pour garantir une IA responsable.
- **Transparence sur les limites** :
  L'entreprise ne cherche pas à masquer les limitations de ses modèles. Au contraire, elle communique ouvertement sur les risques potentiels, les biais existants et les axes d'amélioration, invitant le public à une réflexion critique sur l'usage de l'IA.

2.2. Forums de discussion et consultations publiques

- **Plateformes collaboratives** :
  Anthropic participe à des forums, webinaires et panels de discussion qui rassemblent non seulement des experts techniques, mais aussi des représentants du grand public, des régulateurs et des organisations non gouvernementales.
- **Recueil des feedbacks** :
  En sollicitant les opinions et les retours d'expérience des utilisateurs et du public, l'entreprise peut adapter ses stratégies et améliorer ses outils. Ces échanges permettent de mieux comprendre les préoccupations sociétales et d'intégrer des perspectives diverses dans le développement de l'IA.

2.3. Éducation et vulgarisation

- **Initiatives éducatives** :
  Pour démystifier l'intelligence artificielle, Anthropic s'engage dans des programmes de vulgarisation scientifique, organisant des ateliers et des conférences destinées à un public non spécialiste.
- **Supports pédagogiques** :
  L'entreprise propose des ressources accessibles, telles que des tutoriels, des vidéos explicatives et des guides pratiques, pour aider le public à comprendre comment fonctionne l'IA, quelles sont ses limites et comment elle peut être utilisée de manière éthique.

3. Promotion de normes et d'un cadre éthique

3.1. Contributions aux débats sur la régulation de l'IA

- **Participation aux consultations réglementaires** :
  Anthropic collabore avec des instances gouvernementales et des organismes internationaux afin de définir des standards et des réglementations visant à encadrer le développement et l'usage de l'IA.
- **Élaboration de codes de conduite** :
  En participant à des groupes de travail intersectoriels, l'entreprise contribue à l'élaboration de lignes directrices et de codes de conduite destinés à assurer que l'IA soit déployée de manière responsable et équitable.

3.2. Partenariats avec d'autres acteurs du secteur

- **Initiatives inter-entreprises** :
  Pour créer un écosystème de l'IA responsable, Anthropic collabore avec d'autres entreprises et laboratoires de recherche. Ces partenariats visent à partager des bonnes pratiques, à harmoniser les protocoles de sécurité et à promouvoir la transparence dans toute la chaîne de développement.

- **Groupes de réflexion et consortiums** :
  L'entreprise s'implique dans des consortiums qui réunissent des experts en éthique, en droit, en technologie et en sciences sociales pour discuter des impacts sociétaux de l'IA et proposer des solutions adaptées aux enjeux contemporains.

---

4. Défis et perspectives d'évolution

4.1. Gérer la complexité des enjeux

- **Évolution rapide des technologies** :
  Le domaine de l'IA évolue rapidement, et les défis en matière de transparence et d'éthique se transforment au fil des innovations. Anthropic doit donc constamment mettre à jour ses pratiques et s'adapter aux nouveaux risques identifiés.
- **Diversité des opinions et contextes culturels** :
  La promotion d'une IA responsable doit tenir compte de la pluralité des valeurs et des normes à travers le monde. Cela implique de développer des mécanismes modulables qui peuvent être adaptés à différents contextes culturels et réglementaires.

4.2. Poursuivre l'innovation collaborative

- **Renforcement des échanges interdisciplinaires** :
  La complexité des questions éthiques liées à l'IA nécessite une approche interdisciplinaire impliquant techniciens, philosophes, juristes et sociologues.
- **Transparence proactive** :
  En continuant à publier des recherches et en invitant le dialogue, Anthropic espère non seulement améliorer ses propres systèmes, mais également inspirer des pratiques responsables à l'échelle du secteur.

---

5. Conclusion

Le dialogue avec la communauté scientifique et le public constitue un pilier central de l'approche d'Anthropic pour promouvoir une IA responsable. À travers une communication ouverte, des partenariats collaboratifs, des initiatives de vulgarisation et une participation active aux débats réglementaires, l'entreprise cherche à :

- **Renforcer la confiance** dans l'IA en partageant ses méthodes et en étant transparente sur ses défis.
- **Encourager un échange interdisciplinaire** qui permet d'adapter les technologies aux valeurs sociétales et culturelles.
- **Contribuer à l'élaboration de normes universelles** et de codes de conduite qui encadrent le développement et l'usage de l'IA de manière éthique.

En adoptant cette stratégie, Anthropic démontre sa volonté de mettre la recherche et le développement d'IA au service du bien commun, tout en anticipant et en atténuant les risques associés à une technologie puissante et en constante évolution.

Chapitre 8 : L'écosystème autour de Claude

Partenariats clés, collaborations avec d'autres entreprises ou organismes de recherche.

1. Objectifs et enjeux des partenariats

1.1. Mutualisation des expertises techniques et éthiques

- **Complémentarité des compétences :**
  Les partenariats permettent de combiner l'expertise en intelligence artificielle d'Anthropic avec les connaissances spécialisées d'autres acteurs (universités, centres de recherche, entreprises technologiques). Cela favorise l'innovation en intégrant des points de vue variés et en confrontant les approches techniques à des réflexions éthiques approfondies.
- **Approfondissement de la recherche fondamentale :**
  La collaboration avec des institutions académiques offre la possibilité d'explorer de nouvelles méthodologies, de développer des algorithmes novateurs et d'affiner les techniques de modération et d'alignement des modèles de langage.

1.2. Partage des ressources et réduction des coûts

- **Accès à des infrastructures de calcul avancées :**
  Les partenariats avec des entreprises disposant de capacités de calcul importantes ou des centres de supercalcul permettent à Anthropic de bénéficier d'une infrastructure adaptée à l'entraînement de grands modèles.
- **Financement et soutien logistique :**
  Les collaborations avec des organismes de recherche et des entreprises stratégiques contribuent également à partager les coûts liés au développement des technologies d'IA, tout en

garantissant un soutien logistique et financier pour des projets d'envergure.

1.3. Promotion d'une IA responsable et sécurisée

- **Alignement sur des standards éthiques communs :**
  En s'associant à des organisations dédiées à la sécurité et à l'éthique de l'IA, Anthropic s'engage dans un processus de co-construction de normes et de bonnes pratiques qui bénéficient à l'ensemble du secteur.
- **Transparence et gouvernance collaborative :**
  Les partenariats favorisent la diffusion d'informations, la publication conjointe de résultats de recherche et la mise en place de mécanismes d'audit externe, contribuant ainsi à instaurer une gouvernance plus transparente et responsable dans l'industrie de l'IA.

---

2. Modalités de collaboration

2.1. Projets de recherche communs

- **Initiatives collaboratives en recherche fondamentale :**
  Anthropic s'associe à des universités et des centres de recherche pour mener des études sur des sujets cruciaux tels que l'alignement des modèles, la réduction des biais, et l'optimisation des architectures de Transformers. Ces projets conjoints permettent de publier des articles scientifiques, de présenter des résultats lors de conférences internationales et d'échanger des connaissances de pointe.
- **Partenariats intersectoriels :**
  Des collaborations sont également établies avec d'autres entreprises technologiques, permettant de développer des applications industrielles de l'IA. Par exemple, des projets conjoints peuvent viser à intégrer des modèles de langage dans des plateformes de service client ou des systèmes de

recommandation, en associant l'expertise technique d'Anthropic à la connaissance des marchés de ses partenaires.

2.2. Partenariats stratégiques et consortiums

- **Collaboration avec des organismes de régulation et des ONG :**
Pour anticiper et encadrer les usages malveillants de l'IA, Anthropic participe à des groupes de travail intersectoriels, tels que le Partnership on AI, où entreprises, gouvernements et organisations non gouvernementales se réunissent pour définir des normes éthiques et des protocoles de sécurité communs.
- **Participation à des consortiums de recherche :**
En s'intégrant à des consortiums et des projets de recherche collaboratifs (parfois financés par des agences publiques ou des fondations privées), Anthropic contribue à la création d'un cadre de référence partagé pour le développement responsable des technologies d'IA.

2.3. Initiatives open source et partage de technologies

- **Contributions aux projets open source :**
Bien que certains aspects de ses technologies restent propriétaires, Anthropic a, dans la lignée de nombreuses entreprises du secteur, montré une volonté de partager certaines librairies, outils et méthodologies. Ces contributions permettent de renforcer l'écosystème de l'IA et d'accélérer l'innovation à l'échelle mondiale.
- **Collaborations avec des plateformes de développement :**
En s'associant à des acteurs comme GitHub ou d'autres plateformes de collaboration technologique, Anthropic facilite l'intégration de ses outils dans des projets tiers, favorisant ainsi une diffusion plus large et une adoption progressive de ses technologies.

3. Exemples concrets de partenariats et collaborations

3.1. Collaborations académiques

- **Institutions prestigieuses :**
  Des partenariats avec des universités telles que MIT, Stanford
  ou Carnegie Mellon permettent à Anthropic d'accéder à des
  laboratoires de recherche de pointe et de bénéficier des travaux
  de chercheurs reconnus dans le domaine de l'IA. Ces
  collaborations se traduisent souvent par des publications
  conjointes et des projets de recherche financés.
- **Projets de thèse et programmes de formation :**
  L'engagement d'Anthropic dans la formation des nouvelles
  générations de chercheurs se manifeste par le financement de
  thèses, l'organisation de séminaires et la participation à des
  programmes d'échange académique.

3.2. Partenariats industriels

- **Intégration dans des écosystèmes technologiques :**
  Des entreprises technologiques majeures collaborent avec
  Anthropic pour intégrer des modèles de langage avancés dans
  leurs services. Par exemple, dans le secteur du cloud computing,
  des partenariats permettent d'offrir des solutions d'IA via des
  API sécurisées et évolutives.
- **Co-développement de produits :**
  Des initiatives conjointes avec des entreprises spécialisées dans
  la cybersécurité, la santé ou la finance peuvent déboucher sur la
  création de produits intégrant des modules d'IA, optimisés pour
  répondre aux besoins spécifiques de ces secteurs.

3.3. Projets intersectoriels et consortiums internationaux

- **Standards internationaux de l'IA :**
  En participant à des consortiums regroupant des acteurs publics
  et privés, Anthropic contribue à l'élaboration de normes et de

standards internationaux qui encadrent l'usage de l'IA, en veillant à ce que ces technologies soient déployées de manière sûre, éthique et responsable.
- **Initiatives de red teaming et de sécurité collaborative :** La collaboration avec des organismes spécialisés dans la sécurité informatique permet de réaliser des audits externes, de tester la robustesse des systèmes et d'identifier des pistes d'amélioration pour prévenir les usages malveillants.

---

4. Impacts et bénéfices des partenariats

4.1. Accélération de l'innovation

- **Transfert de connaissances :** Les collaborations favorisent un échange constant de savoirs, d'idées et d'expertise, ce qui accélère le développement de nouvelles technologies et permet de surmonter plus rapidement les défis techniques et éthiques.
- **Synergies technologiques :** La mutualisation des ressources (infrastructures, financements, expertises) permet de développer des solutions plus complexes et performantes qu'il ne serait pas envisageable de réaliser seul.

4.2. Renforcement de la crédibilité et de la confiance

- **Transparence et gouvernance partagée :** En s'associant à des institutions reconnues et en publiant conjointement des travaux scientifiques, Anthropic renforce la crédibilité de ses démarches et contribue à instaurer une confiance auprès des utilisateurs et des régulateurs.
- **Leadership en matière d'éthique :** En participant activement aux débats sur la régulation de l'IA et en s'engageant dans des initiatives de sécurité collaborative, l'entreprise se positionne comme un leader responsable dans le secteur, montrant l'exemple en matière de transparence et d'alignement éthique.

5. Conclusion

Les partenariats clés et collaborations avec d'autres entreprises ou organismes de recherche constituent un pilier fondamental de la stratégie d'Anthropic pour développer une intelligence artificielle avancée et responsable. En conjuguant les forces de la recherche académique, de l'expertise industrielle et des initiatives intersectorielles, Anthropic réussit à :

- **Accélérer l'innovation** grâce à une synergie des compétences et des ressources,
- **Renforcer la sécurité** et l'éthique des technologies d'IA via des audits, des projets collaboratifs et des contributions aux normes internationales,
- **Promouvoir la transparence** et le dialogue ouvert avec la communauté scientifique, les régulateurs et le grand public.

Ces partenariats permettent non seulement de développer des produits de pointe, mais aussi de créer un cadre durable et responsable pour l'ensemble de l'industrie de l'intelligence artificielle, garantissant que les avancées technologiques soient mises au service du bien commun et alignées sur des valeurs éthiques universelles.

La communauté de développeurs et d'utilisateurs : rôles, retours d'expérience, forums, etc.

1. Rôle et importance de la communauté

1.1. Co-construction et innovation ouverte

- **Partage de connaissances et meilleures pratiques :**
  Les développeurs et chercheurs partagent leurs découvertes, scripts, et expériences via des plateformes comme GitHub, permettant ainsi de diffuser des solutions innovantes et de pousser l'état de l'art.
- **Collaboration interdisciplinaire :**
  La communauté rassemble des experts en informatique, en éthique, en droit et en sciences sociales, facilitant ainsi une approche holistique des défis posés par l'IA. Cette collaboration favorise l'élaboration de normes et de protocoles qui intègrent à la fois des aspects techniques et sociétaux.

1.2. Retour d'expérience utilisateur

- **Feedback constructif :**
  Les utilisateurs, qu'ils soient développeurs intégrant l'API dans leurs projets ou utilisateurs finaux interagissant avec des applications basées sur l'IA, fournissent des retours essentiels sur la performance, la pertinence et la sécurité des réponses générées.
- **Détection de bugs et signalement de comportements inappropriés :**
  Les retours issus des forums et des plateformes de discussion permettent de détecter rapidement des anomalies ou des dérives, facilitant ainsi la mise en place d'itérations de correction et d'amélioration.

2. Rôles spécifiques des développeurs

2.1. Contributions techniques et extensions fonctionnelles

- **Développement de plugins et d'extensions :**
  De nombreux développeurs créent des modules complémentaires qui intègrent les fonctionnalités des modèles de langage dans des systèmes tiers (CRM, ERP, plateformes collaboratives, etc.). Ces contributions permettent d'enrichir l'écosystème et de rendre les outils plus adaptables à divers cas d'usage.
- **Optimisation des performances :**
  La communauté travaille sur l'amélioration des algorithmes d'inférence, sur la réduction de la latence et sur l'optimisation de l'utilisation des ressources matérielles. Des projets open source dédiés à la quantification ou au « fine-tuning » sur des tâches spécifiques en témoignent.

2.2. Développement et partage de guides pratiques

- **Documentation et tutoriels :**
  Les développeurs partagent des guides, tutoriels et articles techniques qui aident les nouveaux utilisateurs à comprendre comment intégrer et exploiter efficacement les API. Ces ressources pédagogiques, souvent disponibles sur des plateformes comme GitHub ou sur des blogs spécialisés, accélèrent la courbe d'apprentissage.
- **Exemples d'intégration et cas d'usage :**
  En diffusant des exemples de code et des projets prototypes, la communauté illustre de façon concrète comment résoudre des problèmes courants, favorisant l'adoption et l'innovation.

3. Rôles spécifiques des utilisateurs finaux

3.1. Retour d'expérience et amélioration continue

- **Tests en conditions réelles :**
  Les utilisateurs finaux, qu'ils soient dans des entreprises ou des particuliers, interagissent avec les applications basées sur l'IA et fournissent des retours sur la qualité des réponses, la pertinence des informations et la convivialité des interfaces.
- **Identification des besoins spécifiques :**
  Leurs retours permettent d'identifier des cas d'usage non anticipés par les développeurs, ouvrant la voie à de nouvelles fonctionnalités ou à l'adaptation de l'outil à des secteurs particuliers (service client, éducation, santé, etc.).

3.2. Signalement de contenus problématiques

- **Vigilance sur la sécurité et l'éthique :**
  Les utilisateurs contribuent également à surveiller la présence de biais, de désinformation ou de contenus inappropriés. Leur feedback est crucial pour ajuster les filtres et les mécanismes de modération.
- **Participation aux forums d'entraide :**
  De nombreux utilisateurs s'entraident via des forums, des communautés Reddit ou des groupes Discord, partageant leurs expériences et conseillant sur la meilleure façon de formuler des prompts ou d'interpréter les réponses du modèle.

4. Forums, plateformes collaboratives et réseaux sociaux

4.1. Espaces de discussion dédiés

- **Forums spécialisés :**
  Des plateformes telles que Reddit (avec des subreddits dédiés à l'IA), Stack Overflow ou encore des forums techniques permettent aux développeurs et utilisateurs d'échanger sur les problèmes rencontrés, de poser des questions et de proposer des solutions.

- **Groupes sur Slack, Discord ou Microsoft Teams :**
  Ces espaces favorisent des échanges plus informels et en temps réel, permettant une communication rapide entre membres de la communauté. Des salons dédiés aux astuces de "prompting", aux mises à jour techniques ou aux retours d'expérience facilitent la diffusion des connaissances.

4.2. Plateformes open source et de collaboration

- **GitHub et GitLab :**
  La contribution à des projets open source sur des plateformes telles que GitHub est essentielle pour le partage des codes, des outils de diagnostic et des scripts de fine-tuning.
- **Blogs et articles techniques :**
  Les développeurs et chercheurs publient régulièrement des articles sur Medium, Dev.to ou des blogs institutionnels qui détaillent leurs expériences, les problèmes rencontrés et les solutions apportées.

5. Impact de la communauté sur l'évolution des technologies d'IA

5.1. Accélération de l'innovation

- **Échange d'idées et itération rapide :**
  La communauté permet de tester rapidement de nouvelles idées, de recevoir des feedbacks et d'itérer sur les prototypes. Cela accélère le processus de recherche et de développement en fournissant un environnement d'expérimentation en continu.
- **Influence sur les mises à jour et les roadmaps :**
  Les retours d'expérience des utilisateurs et des développeurs sont pris en compte dans les mises à jour des modèles et des API. Ils influencent la feuille de route, orientant les priorités vers des fonctionnalités jugées essentielles par la communauté.

5.2. Renforcement de la transparence et de la confiance

- **Dialogue ouvert et transparence des processus :**
  En partageant ouvertement leurs travaux, leurs difficultés et leurs succès, les acteurs de la communauté instaurent une relation de confiance avec l'ensemble des utilisateurs.
- **Participation aux audits et aux tests de sécurité :**
  La communauté joue également un rôle dans la validation externe des systèmes, participant aux tests de sécurité et aux audits indépendants qui garantissent la robustesse et l'éthique des technologies déployées.

---

6. Conclusion

La communauté de développeurs et d'utilisateurs constitue une force motrice pour l'évolution des technologies d'intelligence artificielle. Grâce à son rôle dans le partage des connaissances, l'identification des besoins spécifiques et la validation des outils, cette communauté contribue à :

- **Accélérer l'innovation** en facilitant la collaboration interdisciplinaire et en itérant rapidement sur les prototypes,
- **Améliorer la qualité** et la sécurité des modèles par le biais de retours d'expérience continus et d'un dialogue ouvert sur les défis techniques et éthiques,
- **Renforcer la transparence** et la confiance des utilisateurs finaux en rendant les processus de développement plus accessibles et participatifs.

En somme, l'interaction dynamique entre développeurs et utilisateurs, soutenue par des forums, des plateformes collaboratives et des réseaux sociaux, est essentielle pour créer et maintenir des systèmes d'IA à la fois performants, responsables et en constante amélioration. Ce dialogue permanent permet à l'écosystème de s'adapter aux évolutions technologiques et sociétales, assurant ainsi une utilisation optimale et éthique des avancées en intelligence artificielle.

Évolution de l'infrastructure (mise à jour, roadmap, fonctionnalités futures).

1. Modernisation et mise à jour de l'infrastructure technique

1.1. Évolution des ressources matérielles

- **Accroissement de la puissance de calcul :**
  Pour entraîner des modèles de plus en plus complexes et volumineux, l'infrastructure s'appuie sur des clusters de GPU et TPU de dernière génération. Avec la montée en échelle, les fournisseurs investissent dans des systèmes de calcul haute performance capables de traiter des milliards de paramètres.
- **Optimisation du stockage et de la mémoire :**
  La gestion des grands ensembles de données requiert des solutions de stockage distribuées et résilientes. Des systèmes de stockage en réseau (NAS) ou des architectures basées sur le cloud permettent de gérer efficacement les téraoctets de données nécessaires à l'entraînement et à l'inférence.
- **Innovations matérielles :**
  L'adoption de technologies comme le calcul en demi-précision (FP16 ou BF16) et les optimisations spécifiques, telles que la quantification des modèles pour l'inférence, réduisent la charge en ressources et accélèrent les traitements sans perte significative de performance.

1.2. Optimisation des architectures logicielles

- **Techniques de parallélisme avancées :**
  Pour distribuer l'entraînement sur plusieurs nœuds, des méthodes telles que le parallélisme de données, le parallélisme de modèles ou les techniques hybrides (par exemple, ZeRO de DeepSpeed) sont intégrées. Ces approches permettent de former des modèles encore plus grands tout en optimisant l'utilisation des ressources disponibles.

- **Frameworks et outils open source :**
  La mise à jour régulière des frameworks utilisés (PyTorch, TensorFlow, etc.) et l'intégration de librairies spécialisées (DeepSpeed, Megatron-LM) garantissent que l'infrastructure reste à la pointe des techniques de deep learning et bénéficie des dernières avancées en matière d'optimisation et de scalabilité.

2. Roadmap stratégique et planification future

2.1. Objectifs de mise à jour et nouvelles fonctionnalités

- **Amélioration des performances et de la stabilité :**
  La roadmap inclut des objectifs visant à réduire la latence, à améliorer la gestion du contexte sur de longues conversations et à optimiser la convergence pendant l'entraînement, afin d'accroître la robustesse du modèle en conditions réelles.
- **Fonctionnalités futures et extensions multimodales :**
  L'une des orientations clés est l'intégration de capacités multimodales. Cela pourrait inclure l'analyse et la génération de contenus non seulement textuels mais aussi visuels, audio ou vidéo, offrant ainsi une interaction plus riche et polyvalente.
- **Sécurité et alignement renforcés :**
  Des efforts sont prévus pour intégrer davantage de mécanismes d'alignement (tels que la "Constitutional AI") et des outils de modération en temps réel, permettant de mieux contrôler les réponses et d'assurer une utilisation responsable du modèle.

2.2. Intégration avec les systèmes existants

- **Compatibilité et évolutivité :**
  La roadmap prévoit l'amélioration de l'intégration via des API plus robustes, la création de plugins et d'extensions pour des plateformes tierces (CRM, ERP, outils collaboratifs, etc.) et l'optimisation des workflows existants.

- **Personnalisation et adaptation locale :**
  Des outils permettant une personnalisation fine du modèle en fonction des besoins spécifiques des entreprises seront développés. Cela inclut la capacité d'ajuster le comportement de l'IA pour respecter des politiques internes ou des régulations spécifiques à certains secteurs ou régions géographiques.

---

3. Innovations et adaptations face aux défis émergents

3.1. Réponse aux besoins en matière de sécurité et d'éthique

- **Mise à jour des protocoles de modération :**
  Pour faire face aux nouveaux défis de désinformation et d'usages malveillants, l'infrastructure sera régulièrement mise à jour avec des algorithmes de détection plus performants et des règles de modération plus fines.
- **Collaboration avec la communauté et les régulateurs :**
  La feuille de route inclut des partenariats continus avec des organismes de régulation, des institutions académiques et des groupes de la société civile pour co-construire des standards éthiques et des protocoles de sécurité évolutifs.

3.2. Scalabilité et optimisation des coûts

- **Optimisation énergétique :**
  L'évolution de l'infrastructure tient compte des contraintes énergétiques et environnementales, avec des solutions visant à réduire la consommation électrique (optimisation de la charge de travail, utilisation de datacenters verts, etc.).
- **Flexibilité de déploiement :**
  L'adoption de solutions cloud hybrides et de technologies de virtualisation permet de déployer rapidement des mises à jour et de gérer de façon dynamique les pics de demande, garantissant ainsi une infrastructure agile et réactive.

4. Perspectives d'évolution à long terme

4.1. Vers une intelligence artificielle plus intégrée et collaborative

- **Écosystème de l'IA connecté :**
  La roadmap prévoit de renforcer l'interconnexion entre différents acteurs du secteur, favorisant le partage d'innovations et la collaboration interdisciplinaire, ce qui stimulera la création de solutions toujours plus complètes et intégrées.
- **Intégration des feedbacks utilisateurs :**
  L'évolution future de l'infrastructure s'appuiera sur un système de feedback continu provenant des développeurs, des entreprises utilisatrices et des utilisateurs finaux, afin de s'assurer que les améliorations répondent aux besoins réels et évolutifs du marché.

4.2. Adaptation aux avancées technologiques

- **Suivi des innovations en hardware et software :**
  L'infrastructure sera régulièrement revue pour intégrer les dernières innovations, qu'il s'agisse de nouveaux GPU, de techniques de parallélisme ou d'optimisations algorithmiques.
- **Préparation aux futures générations de modèles :**
  En anticipant la transition vers des modèles encore plus grands et plus complexes, Anthropic prépare son infrastructure à supporter des architectures de nouvelle génération, capables de traiter des données encore plus diversifiées et volumineuses.

Conclusion

L'évolution de l'infrastructure d'Anthropic, tant au niveau technique que stratégique, s'inscrit dans une démarche proactive visant à garantir la performance, la sécurité et la scalabilité des systèmes d'intelligence artificielle. La roadmap prévoit :

- Des mises à jour régulières pour tirer parti des dernières avancées en matière de hardware et d'optimisation logicielle,
- Le déploiement de nouvelles fonctionnalités, notamment dans le domaine multimodal et de la personnalisation,
- Une intégration renforcée avec des systèmes existants via des API robustes et des solutions modulaires,
- Une adaptation continue face aux défis de sécurité, d'éthique et de scalabilité.

En combinant ces différents axes d'évolution, Anthropic entend non seulement améliorer ses produits existants mais également anticiper et répondre aux besoins futurs des entreprises et des utilisateurs, tout en consolidant sa position en tant qu'acteur responsable et innovant dans le domaine de l'intelligence artificielle.

Chapitre 9 : Perspectives et futurs développements

Améliorations attendues de Claude : performance, maîtrise contextuelle, créativité.

1. Améliorations de la performance

1.1. Accélération de l'inférence et réduction de la latence

- **Optimisation des algorithmes :**
  L'amélioration des algorithmes d'inférence, par exemple via l'intégration de techniques comme FlashAttention ou l'optimisation du calcul en demi-précision (FP16/BF16), permet de réduire le temps de réponse et d'augmenter la réactivité lors d'appels API.
- **Parallélisme avancé :**
  L'utilisation accrue de stratégies de parallélisme de données et de modèles (data et model parallelism) facilite la répartition de la charge sur plusieurs GPU ou TPU, ce qui se traduit par une augmentation des performances sans compromis sur la qualité.
- **Réduction de la consommation énergétique :**
  En optimisant la gestion des ressources, il est possible de diminuer la consommation énergétique lors des phases d'entraînement et d'inférence, tout en maintenant une performance élevée. Cette amélioration est cruciale pour la scalabilité des services dans un contexte commercial.

1.2. Optimisation de l'entraînement

- **Techniques de fine-tuning avancées :**
  L'amélioration des protocoles de fine-tuning, par exemple grâce à un apprentissage par renforcement supervisé (RLHF) plus

raffiné, permet de stabiliser l'entraînement et de réduire les erreurs de convergence.

- **Mise à jour continue et apprentissage incrémental :**
  L'intégration d'un processus de mise à jour régulière permet de maintenir Claude à jour avec les nouvelles connaissances et d'intégrer des retours en temps réel pour corriger les erreurs et améliorer la précision.

- **Adaptation aux nouveaux jeux de données :**
  En élargissant et en diversifiant continuellement le corpus d'entraînement, Claude pourra mieux gérer les variations linguistiques et les domaines spécifiques, tout en améliorant sa capacité à traiter des informations de plus en plus complexes.

2. Maîtrise contextuelle accrue

2.1. Extension de la fenêtre contextuelle

- **Mémoire à long terme :**
  Une des limitations actuelles est la fenêtre contextuelle limitée. En augmentant cette fenêtre, Claude pourra conserver et exploiter une plus grande quantité d'informations issues de conversations longues ou de documents volumineux, améliorant ainsi la cohérence sur plusieurs échanges.

- **Techniques de "chain-of-thought" améliorées :**
  Encourager le modèle à développer un raisonnement en plusieurs étapes (chain-of-thought) permettrait de mieux structurer la réponse et de maintenir une logique interne sur l'ensemble d'un dialogue complexe.

2.2. Meilleure gestion du contexte dynamique

- **Rétention et rappel du contexte historique :**
  Des mécanismes plus sophistiqués pour mémoriser les informations pertinentes sur l'historique des échanges permettront de conserver une cohérence sur le long terme, en se rappelant les éléments essentiels des conversations passées.

- **Adaptabilité contextuelle :**
  La capacité d'adapter la réponse en fonction du contexte immédiat et historique améliore l'interaction en permettant au modèle de répondre de manière personnalisée et précise, en tenant compte des nuances et des spécificités de chaque situation.

2.3. Intégration de sources externes en temps réel

- **Mise à jour dynamique des connaissances :**
  En intégrant des mécanismes pour interroger des bases de données ou des API externes, Claude pourrait actualiser ses réponses en fonction des informations les plus récentes, assurant ainsi une meilleure pertinence dans un contexte en constante évolution.
- **Contextualisation approfondie :**
  La capacité à intégrer des métadonnées ou des informations contextuelles supplémentaires (géolocalisation, données temporelles, profils d'utilisateurs) permettrait d'offrir des réponses plus fines et adaptées à des contextes particuliers.

3. Renforcement de la créativité

3.1. Génération de contenu innovant et varié

- **Stimulation de la créativité :**
  En affinant les techniques de génération de texte, Claude pourra proposer des réponses plus originales et inattendues, ce qui est particulièrement utile dans des domaines tels que la création de contenu marketing, littéraire ou artistique.
- **Exploration de nouvelles formes narratives :**
  La capacité de Claude à créer des récits ou des scénarios complexes peut être améliorée par des ajustements dans le processus de sampling, permettant d'augmenter la diversité des réponses sans sacrifier la cohérence.

3.2. Adaptation à des styles et tons variés

- **Personnalisation stylistique :**
  Permettre à l'utilisateur de spécifier le style, le ton ou le registre
  de la réponse, par exemple en demandant une approche
  humoristique, formelle ou technique, rend le modèle plus
  versatile et créatif.
- **Contrôle du degré d'innovation :**
  Des mécanismes permettant de moduler le niveau de créativité
  (en ajustant le paramètre de température ou en utilisant des
  prompts de contrôle) permettent de trouver le juste équilibre
  entre originalité et cohérence, en fonction des besoins
  spécifiques de chaque tâche.

3.3. Encouragement à l'exploration et à l'idéation

- **Brainstorming assisté :**
  En intégrant des techniques avancées de prompting, Claude
  pourrait être utilisé comme un outil de brainstorming, générant
  des idées, des concepts ou des solutions innovantes dans des
  domaines variés.
- **Interaction multidimensionnelle :**
  L'amélioration de la capacité du modèle à explorer des
  associations d'idées et à combiner des concepts de manière
  inattendue contribue à accroître sa créativité, en offrant des
  perspectives nouvelles qui stimulent l'innovation.

---

4. Synthèse et perspectives

4.1. Une approche holistique de l'amélioration

Les améliorations attendues pour Claude ne se limitent pas à des
optimisations techniques isolées□ ; elles s'inscrivent dans une
stratégie globale visant à rendre le modèle plus rapide, plus
cohérent et plus créatif. Ces axes complémentaires travaillent
ensemble pour offrir une expérience utilisateur enrichie :

- **Performance :** Des temps de réponse plus courts, une meilleure gestion des ressources et une fiabilité accrue permettent d'utiliser Claude dans des environnements exigeants.
- **Maîtrise contextuelle :** Une fenêtre contextuelle élargie et des mécanismes de rappel améliorés garantissent des interactions plus cohérentes sur le long terme.
- **Créativité :** En stimulant la capacité d'inventer et d'adapter des réponses, Claude pourra devenir un outil puissant pour la génération de contenu original et la résolution de problèmes complexes.

4.2. Implications pour les applications industrielles et créatives

Ces améliorations auront un impact significatif sur divers secteurs☐ :

- Dans le **service client**, une meilleure maîtrise contextuelle et des réponses plus rapides conduiront à des interactions plus fluides et personnalisées.
- Dans le **marketing et la création de contenu**, l'augmentation de la créativité permettra de produire des campagnes publicitaires et des contenus originaux qui se démarquent.
- Dans l'**éducation** et la **formation**, une capacité à retenir et contextualiser l'information permettra d'offrir des outils pédagogiques plus performants et interactifs.
- Dans les **applications professionnelles** en général, la combinaison de performance, de cohérence contextuelle et de créativité rendra Claude particulièrement adapté à la résolution de tâches complexes et à l'innovation collaborative.

Conclusion

Les améliorations attendues pour Claude englobent des avancées significatives sur trois axes principaux :

1. **Performance**, par l'optimisation de l'inférence, la gestion des ressources et la réduction des temps de réponse.
2. **Maîtrise contextuelle**, en élargissant la fenêtre de mémoire et en améliorant la capacité à gérer des dialogues longs et complexes.
3. **Créativité**, par l'encouragement de la génération de contenus originaux et la personnalisation stylistique.

Ces évolutions contribueront à faire de Claude un outil encore plus puissant et polyvalent, capable de s'adapter aux exigences des applications modernes tout en offrant une expérience utilisateur de haute qualité. L'intégration harmonieuse de ces améliorations permettra de repousser les limites actuelles de l'IA, ouvrant la voie à des usages innovants et à une interaction plus riche entre humains et machines.

Rôle potentiel de Claude dans l'IA générale ou dans l'IA de spécialité (médicale, juridique, etc.).

1. Claude et l'IA générale

1.1. Un modèle polyvalent pour la communication et la compréhension

- **Polyvalence linguistique et adaptabilité :**
  Claude, à l'image d'autres grands modèles de langage, est entraîné sur d'immenses corpus textuels couvrant une diversité de domaines, ce qui lui permet de traiter une grande variété de requêtes. Cette capacité en fait un candidat naturel pour jouer un rôle central dans une IA générale, c'est-à-dire une intelligence capable de comprendre et de générer du langage de manière aussi fluide qu'un humain sur des sujets variés.
- **Interaction conversationnelle avancée :**
  Grâce à ses mécanismes de self-attention et à son architecture de type Transformer, Claude peut maintenir un dialogue cohérent sur plusieurs tours, mémoriser le contexte d'une conversation et adapter ses réponses en fonction des échanges précédents. Ce type d'interaction est fondamental pour construire une IA qui assiste les utilisateurs dans de nombreux domaines de la vie quotidienne – de la recherche d'informations à l'aide à la décision.

1.2. Vers une intelligence adaptative et évolutive

- **Apprentissage continu et mise à jour des connaissances :**
  Dans l'optique d'une IA générale, l'un des défis majeurs est de pouvoir évoluer en permanence en intégrant de nouvelles informations et en affinant sa compréhension du monde. Des mécanismes de fine-tuning régulier, couplés à des stratégies de feedback humain, permettent à Claude de s'adapter aux évolutions des connaissances et des contextes sociétaux.

- **Capacité à raisonner et à résoudre des problèmes complexes :**
Bien que l'IA générale reste encore un objectif de long terme, Claude pourrait être un des éléments constitutifs de systèmes capables d'effectuer des raisonnements multi-étapes, d'élaborer des solutions créatives à des problèmes non structurés et d'interagir avec d'autres systèmes intelligents pour des tâches complexes.

---

2. Claude dans l'IA de spécialité

2.1. Domaines médicaux

2.1.1. Assistance au diagnostic et à la recherche médicale

- **Analyse de dossiers médicaux :**
Claude peut être intégré dans des systèmes de gestion de dossiers médicaux pour extraire des informations pertinentes, résumer des rapports cliniques et aider les médecins à visualiser l'historique d'un patient.
- **Soutien à la décision clinique :**
En se basant sur des bases de données médicales validées, Claude pourrait proposer des suggestions pour des diagnostics ou des traitements, tout en soulignant les incertitudes et les recommandations de vérifier avec un expert humain.
- **Recherche et synthèse d'articles scientifiques :**
Le modèle peut faciliter la veille médicale en synthétisant des publications récentes, en identifiant les tendances ou en extrayant les points clés de travaux de recherche, ce qui accélère l'innovation et la diffusion de connaissances.

2.1.2. Sécurité et conformité

- **Confidentialité des données sensibles :**
Dans le domaine médical, le respect des réglementations (comme le RGPD en Europe ou HIPAA aux États-Unis) est crucial. Claude, en étant intégré dans des systèmes sécurisés et

en appliquant des protocoles stricts de modération et d'anonymisation, pourrait aider à préserver la confidentialité tout en offrant des fonctionnalités avancées.

2.2. Domaines juridiques

2.2.1. Assistance dans la rédaction et l'analyse juridique

- **Rédaction de documents et de contrats :**
  En exploitant ses capacités de génération de texte, Claude peut aider à rédiger des ébauches de contrats, à reformuler des clauses pour en clarifier le sens ou à générer des documents administratifs en respectant les formats juridiques requis.
- **Recherche juridique :**
  Le modèle peut interroger des bases de données juridiques et extraire des informations sur des précédents judiciaires, des lois ou des règlements, fournissant ainsi un support aux avocats pour la préparation de dossiers et la formulation de stratégies juridiques.

2.2.2. Vérification de la conformité et analyse de risques

- **Audit des documents légaux :**
  Claude pourrait être utilisé pour détecter des incohérences, des erreurs ou des formulations à risque dans des documents juridiques, aidant ainsi à prévenir des litiges potentiels.
- **Synthèse d'analyses de risques :**
  En compilant des informations provenant de multiples sources, le modèle peut aider les entreprises à évaluer les risques juridiques liés à des projets spécifiques, à la mise en œuvre de nouvelles réglementations ou à des litiges en cours.

2.3. Autres domaines de spécialité

2.3.1. Finance et économie

- **Analyse de rapports financiers :**
  Claude peut traiter de grandes quantités de données financières

pour générer des synthèses, identifier des tendances et aider à la prise de décision stratégique dans des entreprises ou des institutions financières.

- **Conseils en investissement :**
En intégrant des données de marché en temps réel, le modèle pourrait offrir des recommandations sur des investissements, tout en précisant que ces conseils doivent être validés par des experts financiers.

2.3.2. Ingénierie et technologie

- **Support à la conception et à la recherche technique :**
Dans des domaines comme l'ingénierie ou la recherche technologique, Claude pourrait aider à synthétiser des documents techniques, à générer des idées de conception ou à analyser des rapports d'expérience.
- **Gestion de la documentation technique :**
Le modèle peut automatiser la rédaction et la mise à jour de documents de spécifications, facilitant ainsi le transfert de connaissances au sein des équipes techniques.

---

3. Défis spécifiques dans l'IA de spécialité

3.1. Adaptation aux contextes techniques

- **Domaines de connaissances spécifiques :**
Pour être efficace dans un domaine spécialisé, Claude doit être finement ajusté (fine-tuned) avec des corpus spécifiques, afin de maîtriser la terminologie, les pratiques et les nuances propres à chaque secteur.
- **Validation par des experts :**
Dans les secteurs sensibles comme la médecine ou le droit, les réponses générées doivent être systématiquement validées par des professionnels pour éviter des erreurs qui pourraient avoir des conséquences graves.

3.2. Sécurité et confidentialité

- **Protection des données sensibles :**
  L'intégration de Claude dans des environnements spécialisés requiert des protocoles de sécurité renforcés pour protéger les données personnelles et confidentielles, notamment dans le domaine médical ou juridique.
- **Conformité réglementaire :**
  Chaque secteur étant soumis à des réglementations spécifiques, l'utilisation de Claude doit s'accompagner de mesures garantissant la conformité aux normes en vigueur, ce qui peut nécessiter des adaptations techniques et opérationnelles.

4. Perspectives d'avenir

4.1. Vers une spécialisation accrue

- **Modules complémentaires et plugins spécifiques :**
  Des extensions ou des modules dédiés pourraient être développés pour adapter Claude aux besoins de chaque secteur, par exemple un module juridique pour la rédaction et la vérification de contrats ou un module médical pour l'analyse de dossiers patients.
- **Collaboration interdisciplinaire :**
  La réussite de l'IA de spécialité passe par la collaboration étroite entre experts techniques et professionnels du secteur concerné, permettant d'affiner continuellement les performances du modèle dans des domaines précis.

4.2. Impact sur les métiers et l'innovation

- **Automatisation des tâches répétitives :**
  Dans chaque secteur, Claude pourrait automatiser les tâches répétitives et chronophages, libérant ainsi du temps pour les professionnels afin qu'ils se concentrent sur des activités à plus forte valeur ajoutée.

- **Amélioration de la qualité des services :**
  En fournissant des réponses précises et en synthétisant des informations complexes, le modèle pourrait améliorer la qualité des services, qu'il s'agisse de soins médicaux, de conseils juridiques ou d'analyses financières.
- **Stimuler l'innovation :**
  Grâce à ses capacités de génération créative et d'analyse approfondie, Claude peut devenir un partenaire de choix pour l'innovation dans divers secteurs, aidant à identifier de nouvelles opportunités, à concevoir des solutions innovantes et à accélérer la recherche et le développement.

Conclusion

Le rôle potentiel de Claude dans l'IA générale et dans l'IA de spécialité illustre une ambition à la fois large et ciblée. D'un côté, Claude incarne l'idée d'une intelligence conversationnelle polyvalente capable d'interagir sur une multitude de sujets, ce qui en fait un pilier de l'IA générale. De l'autre, en se spécialisant et en s'adaptant aux exigences de domaines pointus comme la médecine, le droit, la finance ou l'ingénierie, il pourrait devenir un outil sur mesure, capable de fournir des analyses précises, d'automatiser des tâches complexes et de contribuer à l'amélioration de la qualité des services.

Pour réussir cette transition, il sera nécessaire d'effectuer un fine-tuning spécifique dans chaque domaine, de garantir la validation par des experts et d'assurer une conformité rigoureuse aux réglementations en vigueur. À long terme, l'intégration de Claude dans des environnements spécialisés pourrait non seulement transformer les pratiques professionnelles, mais aussi stimuler l'innovation et améliorer la prise de décision dans des secteurs cruciaux pour la société.

L'anticipation de nouveaux enjeux (réglementations, concurrence, éthique et gouvernance de l'IA).

1. Réglementations et cadre légal

1.1. Évolution des normes internationales

- **Cadres législatifs en développement :**
  De nombreux pays et organisations internationales (Union Européenne, OCDE, UNESCO) travaillent actuellement sur des cadres juridiques pour encadrer le développement et l'usage de l'IA. Ces régulations visent à garantir la sécurité, la protection des données et la transparence des systèmes d'IA.
- **L'AI Act de l'UE :**
  L'Union Européenne développe l'AI Act, qui sera l'un des premiers textes législatifs à classer les applications d'IA en fonction de leur niveau de risque, imposant des obligations strictes aux systèmes considérés comme à haut risque, comme ceux utilisés dans la médecine, le droit ou la finance.

1.2. Conformité et protection des données

- **RGPD et vie privée :**
  Les régulations telles que le Règlement Général sur la Protection des Données (RGPD) imposent des contraintes sur la collecte, le traitement et le stockage des données personnelles. L'anticipation des exigences en matière de confidentialité est indispensable pour toute entreprise développant des systèmes d'IA.
- **Sécurité des systèmes d'IA :**
  Les obligations de sécurité visent à prévenir les usages malveillants et les cyberattaques, ce qui conduit à des protocoles de sécurité renforcés et à des audits réguliers pour garantir l'intégrité des systèmes.

1.3. Responsabilité légale

- **Attribution de la responsabilité :**
  Un enjeu majeur est de déterminer qui est légalement responsable en cas de défaillance ou d'usage abusif de l'IA – le développeur, l'entreprise utilisatrice, ou les deux.
- **Assurances et garanties :**
  L'évolution des régulations pourrait imposer la mise en place de mécanismes d'assurance ou de garanties financières pour couvrir d'éventuels dommages liés à l'utilisation de systèmes d'IA.

---

2. Concurrence et dynamique du marché

2.1. Compétition entre acteurs majeurs

- **Rivalité technologique :**
  Des entreprises comme OpenAI, Google, Microsoft, Meta et Anthropic se livrent une concurrence féroce pour développer des modèles de plus en plus puissants et performants. Cette compétition stimule l'innovation, mais peut également conduire à une course aux armements technologiques, où la rapidité prime parfois sur la sécurité et l'éthique.
- **Brevetage et propriété intellectuelle :**
  La concurrence se manifeste aussi au niveau de la propriété intellectuelle, avec des entreprises déposant des brevets sur des technologies clés. Cette dynamique peut freiner la collaboration ouverte et l'échange de connaissances.

2.2. Nouvelles entrées et innovations disruptives

- **Startups et initiatives open source :**
  En parallèle des géants de la technologie, de nombreuses startups et projets open source émergent, proposant des solutions innovantes et souvent plus spécialisées. Ces acteurs challengent le statu quo et poussent les grands acteurs à innover constamment.
- **Internationalisation et compétition globale :**
  La concurrence ne se limite pas aux acteurs occidentaux. Des

entreprises et instituts de recherche de pays comme la Chine, l'Inde ou le Japon investissent massivement dans l'IA, modifiant ainsi la dynamique globale du marché.

2.3. Pressions commerciales et délais de commercialisation

- **Cycle de développement accéléré :**
  La pression pour commercialiser rapidement des solutions d'IA performantes peut pousser à des raccourcis dans le processus de vérification et d'éthique, augmentant ainsi les risques de défaillances ou d'usages malveillants.
- **Stratégies de différenciation :**
  Chaque acteur cherche à se distinguer par des innovations uniques, que ce soit par des performances supérieures, une meilleure sécurité ou une approche éthique plus poussée.

---

3. Éthique et gouvernance de l'IA

3.1. Défis éthiques liés aux biais et à la désinformation

- **Biais algorithmiques :**
  Les systèmes d'IA, entraînés sur de vastes ensembles de données, reproduisent souvent les biais présents dans ces données. L'éthique de l'IA implique de développer des mécanismes pour détecter, corriger et minimiser ces biais.
- **Désinformation et manipulation :**
  L'utilisation potentielle de l'IA pour générer et diffuser de la désinformation est un enjeu majeur. Les gouvernements, les entreprises et les chercheurs doivent collaborer pour développer des stratégies de modération et des standards pour limiter ces risques.

3.2. Gouvernance et transparence

- **Modèles de gouvernance partagée :**
  La gouvernance de l'IA doit impliquer plusieurs parties prenantes, incluant les entreprises, les régulateurs, les chercheurs et la société civile. Des conseils d'administration ou des comités d'éthique peuvent être mis en place pour superviser le développement et l'utilisation de l'IA.
- **Transparence des algorithmes :**
  Rendre les modèles d'IA plus transparents, par la publication des méthodologies et la mise en place d'outils d'interpretabilité, permet d'instaurer une meilleure confiance et d'assurer une responsabilité accrue en cas de dérives.

3.3. Participation de la société et dialogue public

- **Consultations publiques et débats éthiques :**
  L'implication du public dans le débat sur l'IA est essentielle pour définir les valeurs et les limites acceptables. Des forums de discussion, des consultations publiques et des panels intersectoriels aident à intégrer les préoccupations sociétales dans la gouvernance de l'IA.
- **Éducation et sensibilisation :**
  Former et informer le grand public sur les enjeux de l'IA, ses opportunités mais aussi ses risques, permet de créer un environnement où les décisions sont prises en connaissance de cause, favorisant ainsi une adoption plus responsable de la technologie.

4. Perspectives d'avenir et mesures d'anticipation

4.1. Adaptation continue aux évolutions technologiques et sociétales

- **Mise à jour des cadres réglementaires :**
  Les régulateurs devront continuellement adapter les législations pour suivre le rythme des innovations technologiques, en

collaborant étroitement avec les acteurs de l'IA pour élaborer des normes flexibles et évolutives.

- **Innovation éthique :**
La recherche et le développement dans le domaine de l'IA doivent intégrer dès le départ des mécanismes de contrôle éthique, tels que l'alignement des modèles et la transparence algorithmique, pour anticiper et réduire les impacts négatifs.

4.2. Collaboration internationale et harmonisation des normes

- **Initiatives globales :**
Des initiatives internationales, telles que celles menées par l'OCDE, l'UE ou l'UNESCO, visent à établir des standards communs pour le développement et l'utilisation de l'IA, facilitant ainsi une gouvernance harmonisée à l'échelle mondiale.
- **Partenariats publics-privés :**
La coopération entre les gouvernements, les entreprises et les institutions académiques est essentielle pour créer des écosystèmes de l'IA robustes, responsables et équitables. Ces partenariats peuvent permettre le partage des meilleures pratiques et la mise en place d'outils de régulation communs.

Conclusion

L'anticipation de nouveaux enjeux dans le domaine de l'intelligence artificielle, qu'ils soient liés aux réglementations, à la concurrence, à l'éthique ou à la gouvernance, est une tâche complexe et multidimensionnelle. Les avancées rapides de la technologie exigent une mise à jour constante des cadres légaux et éthiques, une coopération internationale renforcée et une gouvernance partagée qui implique l'ensemble des parties prenantes.

Pour les acteurs comme Anthropic, cela signifie non seulement développer des modèles toujours plus performants et sûrs, mais aussi anticiper et intégrer les évolutions réglementaires, relever les défis de la concurrence et placer l'éthique et la transparence au cœur de leurs stratégies. En agissant de la sorte, ils contribuent à construire un environnement où l'IA peut se développer de manière responsable, tout en maximisant ses bénéfices pour la société et en minimisant ses risques potentiels.

Chapitre 10 : Conclusion et regard sur l'impact sociétal

Récapitulatif des points clés abordés dans le livre.

1. Contexte Historique de l'Intelligence Artificielle

* **Les débuts de l'IA :**
  Le livre retrace les prémices de l'intelligence artificielle, depuis les idées d'Alan Turing et de la cybernétique jusqu'aux premières implémentations des systèmes symboliques comme le Logic Theorist et le General Problem Solver.
* **Les grandes étapes :**
  Il aborde l'évolution des approches, du symbolisme aux réseaux de neurones, en passant par les périodes de désillusion appelées "hivers de l'IA" et l'émergence ultérieure du deep learning.

---

2. Émergence des Réseaux de Neurones et du Deep Learning

* **Fondements théoriques et innovations clés :**
  Le livre explore l'évolution depuis le perceptron de Rosenblatt jusqu'aux avancées majeures de rétropropagation et des architectures de réseaux profonds qui ont révolutionné la reconnaissance d'images et le traitement du langage naturel.
* **Impact sur la recherche actuelle :**
  L'importance de l'optimisation, du calcul distribué et des techniques avancées de parallélisme est mise en perspective pour expliquer comment ces avancées techniques ont permis la montée en puissance de modèles comme Claude.

---

3. Acteurs Majeurs et Fondation d'Anthropic

- **Les pionniers de l'IA :**
  Le livre présente les figures emblématiques telles que Turing,
  McCarthy, Minsky, Simon, et Judea Pearl, qui ont jeté les bases
  de l'intelligence artificielle, ainsi que les laboratoires
  universitaires et les entreprises qui ont façonné le domaine.
- **Naissance d'Anthropic :**
  L'histoire de la création d'Anthropic est abordée, en insistant
  sur la volonté de ses fondateurs de mettre la sécurité, l'éthique et
  l'alignement des systèmes d'IA au cœur de leur mission.

4. Philosophie, Vision et Valeurs d'Anthropic

- **Engagement éthique :**
  Le livre détaille la vision d'Anthropic, qui vise à développer une
  IA alignée sur les valeurs humaines, transparente et responsable.
- **Priorités et approches techniques :**
  L'utilisation de la "Constitutional AI" et des techniques de
  modération avancées pour garantir que les modèles, comme
  Claude, produisent des réponses sûres et équilibrées.

5. Projets et Produits Phare : Claude

- **Présentation de Claude :**
  Le livre décrit Claude comme un grand modèle de langage basé
  sur l'architecture Transformer, conçu pour être un assistant
  conversationnel polyvalent.
- **Spécificités techniques et cas d'usage :**
  Il met en lumière les défis techniques, les optimisations
  (cadence d'apprentissage, filtrage des biais, mécanismes
  d'attention) et les applications pratiques de Claude dans divers
  secteurs comme le service client, la rédaction, l'éducation, etc.

6. Défis Techniques et Améliorations Futures

- **Entraînement et jeux de données :**
  Le processus de collecte, de filtrage et d'entraînement des modèles est examiné en profondeur, ainsi que les techniques d'optimisation et la gestion de la consommation de ressources.
- **Limites actuelles et perspectives d'amélioration :**
  Les problèmes tels que les hallucinations, la gestion du contexte et la sensibilité aux formulations sont discutés, ainsi que les axes d'amélioration prévus pour améliorer la performance, la créativité et la robustesse des systèmes.

7. Applications et Automatisation des Tâches

- **Exemples concrets d'applications :**
  Le livre présente comment Claude peut transformer des workflows dans des secteurs variés – de l'automatisation des tâches administratives à l'assistance spécialisée dans des domaines comme la médecine, le droit ou la finance.
- **Intégration dans les systèmes existants :**
  Il aborde également l'importance de l'intégration via des API et des collaborations avec d'autres outils pour optimiser la productivité et l'efficacité des processus métiers.

8. Gouvernance, Transparence et Impact Sociétal

- **Politiques de sécurité et d'éthique :**
  L'accent est mis sur la nécessité d'établir des protocoles rigoureux pour éviter les usages malveillants de l'IA et pour promouvoir une gouvernance responsable.
- **Dialogue avec la communauté :**
  Le livre souligne l'importance des partenariats avec la communauté scientifique, les régulateurs et le public, afin de créer un environnement collaboratif et transparent qui guide le développement futur des technologies d'IA.

9. Roadmap et Perspectives d'Avenir

- **Évolution de l'infrastructure :**
  Un aperçu des améliorations prévues en termes de performance, de scalabilité et d'intégration avec d'autres systèmes est présenté, tout en anticipant les défis futurs (réglementations, concurrence, sécurité).
- **IA générale vs. IA de spécialité :**
  Le livre envisage le rôle futur de Claude, tant dans une approche d'IA générale que dans des applications de spécialité qui nécessitent une expertise pointue, comme dans les domaines médical, juridique ou financier.

10. Conclusion et Impact Global

- **Synthèse des enjeux :**
  Le livre conclut en récapitulant comment l'évolution de l'intelligence artificielle, à travers des initiatives comme celles d'Anthropic et de Claude, pose les jalons d'un futur où l'IA sera non seulement plus performante mais aussi plus éthique et responsable.
- **Vision pour l'avenir :**
  Il invite à une réflexion sur l'impact sociétal des technologies d'IA et sur la nécessité de poursuivre des recherches interdisciplinaires pour assurer que ces outils bénéficient à l'ensemble de la société, tout en minimisant les risques potentiels.

Ce récapitulatif synthétise l'ensemble des points clés abordés dans le livre, en offrant une vue d'ensemble sur l'évolution historique, technique et éthique de l'intelligence artificielle, tout en illustrant la place et le potentiel de Claude dans ce paysage en perpétuelle transformation. Chacun de ces thèmes se combine pour offrir une vision globale qui guide non seulement le développement actuel, mais aussi les orientations futures de l'IA responsable.

Comment Claude et Anthropic transforment notre relation à la technologie.

1. Une approche centrée sur l'humain

1.1. Priorité à la sécurité et à l'éthique

- **Alignement sur les valeurs humaines :**
  Contrairement à certains acteurs qui se focalisent uniquement sur la performance brute, Anthropic intègre dès la conception des systèmes un ensemble de principes éthiques. La démarche « Constitutional AI » vise à s'assurer que Claude ne génère pas de contenu nuisible, tout en respectant des normes de transparence et de responsabilité.
- **Réduction des risques :**
  En mettant en place des mécanismes de filtrage avancés et des protocoles de modération, Anthropic cherche à minimiser les risques de désinformation, de biais et d'usages malveillants. Ce souci de sécurité crée un environnement technologique où l'utilisateur se sent protégé et peut interagir avec l'IA en toute confiance.

1.2. Une interaction plus intuitive et accessible

- **Interfaces conversationnelles naturelles :**
  Claude, en tant que grand modèle de langage conversationnel, offre une interaction fluide et accessible qui se rapproche de la communication humaine. Cela facilite l'adoption des technologies d'IA par un public non spécialiste, transformant ainsi des outils complexes en assistants intelligents accessibles à tous.
- **Personnalisation et adaptabilité :**
  La capacité de Claude à adapter ses réponses en fonction du contexte et du profil de l'utilisateur permet de créer des expériences personnalisées. Qu'il s'agisse de support client, d'aide à la rédaction ou de tutorat, cette flexibilité transforme la manière dont nous utilisons la technologie au quotidien.

2. Transformation des environnements professionnels et personnels

2.1. Automatisation et gain de productivité

- **Optimisation des processus métier :**
  Dans des secteurs variés – de l'administration à la finance, en passant par la santé et le juridique – l'intégration de Claude permet d'automatiser des tâches répétitives, de générer des synthèses précises et d'optimiser les flux de travail. Cela libère du temps pour se concentrer sur des activités à plus forte valeur ajoutée, transformant ainsi les modes de travail traditionnels.
- **Nouveaux outils de collaboration :**
  L'utilisation d'assistants virtuels et d'API intelligentes facilite la communication interne et externe, permettant une meilleure coordination entre les équipes et une prise de décision plus rapide.

2.2. Impact sur l'apprentissage et l'innovation

- **Transformation de l'éducation :**
  Dans le domaine éducatif, Claude sert d'outil de soutien pédagogique, capable de vulgariser des concepts complexes et d'accompagner les étudiants dans leur apprentissage. L'IA devient ainsi un complément précieux aux méthodes d'enseignement traditionnelles, favorisant une éducation plus interactive et adaptée aux besoins individuels.
- **Stimulation de la créativité et de la recherche :**
  En tant qu'assistant créatif, Claude aide à générer des idées nouvelles, à explorer des pistes innovantes et à synthétiser des informations issues de multiples sources. Ce rôle de catalyseur de créativité transforme la manière dont les professionnels et les chercheurs abordent les défis, ouvrant la voie à de nouvelles découvertes.

3. Une transformation sociétale et culturelle

3.1. Démocratisation de l'accès à l'IA

- **Outils accessibles et conviviaux :**
  La simplicité d'utilisation de Claude permet à un large public, y
  compris ceux qui n'ont pas de connaissances techniques
  approfondies, de bénéficier des avancées de l'intelligence
  artificielle. Cette démocratisation aide à réduire la fracture
  numérique et à favoriser une adoption plus équitable des
  technologies innovantes.
- **Implication dans la vie quotidienne :**
  Des assistants virtuels alimentés par Claude sont de plus en plus
  intégrés dans les applications mobiles, les services en ligne et
  même dans des dispositifs connectés, modifiant ainsi la façon
  dont nous interagissons avec la technologie au quotidien.

3.2. Dialogue et gouvernance participative

- **Transparence et collaboration :**
  Anthropic encourage un dialogue ouvert avec la communauté
  scientifique, les régulateurs et le public. Ce partage
  d'informations et d'expériences contribue à une meilleure
  compréhension des enjeux de l'IA et favorise la co-construction
  de standards éthiques et réglementaires.
- **Responsabilisation collective :**
  En impliquant divers acteurs – chercheurs, entreprises,
  utilisateurs et instances gouvernementales – dans la
  gouvernance de l'IA, Anthropic contribue à instaurer un modèle
  de développement technologique où la responsabilité est
  partagée et où chacun a voix au chapitre.

---

4. Défis et perspectives futures

4.1. Anticiper les évolutions technologiques

- **Innovation continue :**
  L'évolution rapide des technologies d'IA implique que Claude et les systèmes similaires devront constamment s'adapter aux nouvelles découvertes et aux avancées en matière d'infrastructure, d'optimisation et d'interaction. Cette dynamique incite à une culture de l'amélioration continue et de l'innovation ouverte.
- **Vers une IA générale et spécialisée :**
  Tandis que Claude se positionne déjà comme un outil polyvalent, les perspectives futures envisagent une spécialisation accrue dans des domaines pointus (médical, juridique, financier) tout en poursuivant le développement d'une IA générale capable de traiter une variété infinie de sujets avec une précision toujours plus fine.

4.2. Répondre aux enjeux éthiques et sociétaux

- **Réglementation et gouvernance :**
  Avec l'évolution des cadres légaux et la montée des préoccupations éthiques, il sera crucial de mettre en place des mécanismes robustes pour réguler l'usage de l'IA. Anthropic, en tant que pionnier de l'IA responsable, est bien placé pour influencer ces processus et servir de modèle pour l'ensemble du secteur.
- **Adaptation aux nouvelles attentes sociales :**
  La transformation de notre relation à la technologie ne se limite pas aux avancées techniques, elle inclut également la manière dont nous percevons et interagissons avec l'IA. En promouvant la transparence, la sécurité et l'éthique, Claude et Anthropic contribuent à instaurer une culture technologique où l'innovation est mise au service du bien commun.

Conclusion

Claude et Anthropic transforment notre relation à la technologie en redéfinissant les standards d'interaction, de sécurité et d'éthique dans le domaine de l'intelligence artificielle. Leur approche, qui privilégie la transparence, l'alignement sur des valeurs humaines et la collaboration interdisciplinaire, permet de :

- **Rendre l'IA plus accessible et conviviale,** en facilitant l'interaction avec des outils intelligents qui répondent aux besoins réels des utilisateurs.
- **Optimiser les environnements professionnels,** en automatisant des tâches complexes et en améliorant la prise de décision grâce à des analyses précises et contextuelles.
- **Favoriser un dialogue ouvert et une gouvernance participative,** impliquant la communauté scientifique, les régulateurs et le grand public pour garantir que le développement de l'IA se fasse de manière responsable et éthique.
- **Anticiper et s'adapter aux évolutions technologiques,** en innovant continuellement pour répondre aux défis futurs tout en intégrant des mécanismes de sécurité et de modération avancés.

En somme, l'approche d'Anthropic et le développement de Claude offrent un modèle d'innovation technologique qui met l'humain au centre. Cela transforme notre rapport à la technologie en nous fournissant des outils puissants tout en nous incitant à repenser les implications éthiques et sociétales de l'intelligence artificielle pour un avenir plus sûr et plus inclusif.

Réflexions et pistes de réflexion pour l'avenir : comment l'IA responsable peut façonner la société.

1. Fondements de l'IA responsable

1.1. Définition et principes de l'IA responsable

- **Transparence et explicabilité :**
Une IA responsable doit être compréhensible par ses utilisateurs. Les algorithmes et décisions prises par ces systèmes

doivent pouvoir être expliqués et audités, afin de garantir la confiance et de permettre des vérifications externes.

- **Sécurité et robustesse :**
  La sécurité des systèmes d'IA implique la protection contre les usages malveillants, les défaillances et les erreurs. Des mécanismes de modération, des tests de robustesse et des audits réguliers sont essentiels pour prévenir les dérives potentielles.
- **Équité et réduction des biais :**
  Il s'agit de concevoir des systèmes qui minimisent les biais algorithmiques et qui traitent équitablement tous les groupes sociaux. Cela passe par la sélection rigoureuse des données d'entraînement, le fine-tuning avec du feedback humain et l'utilisation de techniques de dé-biaisage.
- **Responsabilité et gouvernance :**
  L'IA responsable implique une gouvernance partagée entre développeurs, régulateurs et société civile, afin d'assurer que les décisions prises par les systèmes d'IA soient alignées sur des valeurs éthiques et qu'une responsabilité soit clairement attribuée en cas d'erreurs.

2. Pistes de réflexion pour l'avenir de l'IA responsable

2.1. Gouvernance et réglementation

- **Cadres législatifs évolutifs :**
  L'un des grands enjeux est de mettre en place des régulations flexibles qui puissent suivre le rythme des avancées technologiques. Des lois comme l'AI Act en Europe en sont des exemples. Ces régulations doivent protéger les citoyens tout en ne freinant pas l'innovation.
- **Participation multipartite :**
  La gouvernance de l'IA doit impliquer tous les acteurs – gouvernements, entreprises, chercheurs, ONG et citoyens – afin de créer des normes partagées qui garantissent une utilisation éthique et sécurisée des technologies d'IA.

2.2. Développement technologique et innovation responsable

- **Conception centrée sur l'humain :**
  L'avenir de l'IA doit être façonné par des approches qui intègrent les besoins et les attentes des utilisateurs. Des interfaces intuitives, des systèmes d'assistance personnalisés et des outils collaboratifs peuvent transformer la manière dont nous interagissons avec la technologie.
- **Transparence dans la recherche et le développement :**
  Encourager la publication des méthodologies, des résultats de recherche et des audits indépendants aide à instaurer un climat de confiance. Les initiatives open source et les consortiums de recherche intersectoriels favorisent la diffusion de bonnes pratiques.

2.3. Impact sociétal et éthique

- **Réduction de la fracture numérique :**
  Une IA responsable doit être accessible à tous, afin de réduire les inégalités technologiques. Cela inclut la démocratisation de l'accès aux outils d'IA et la formation des citoyens à leur utilisation.
- **Promotion de l'inclusion et de la diversité :**
  Les systèmes d'IA devraient être conçus pour refléter la diversité des cultures et des opinions. En minimisant les biais et en adaptant les technologies aux besoins spécifiques des communautés, l'IA peut devenir un vecteur de justice sociale.
- **Soutien aux métiers et transformation du travail :**
  L'automatisation intelligente et responsable peut libérer les individus des tâches répétitives et dangereuses, tout en créant de nouvelles opportunités d'emploi dans des secteurs innovants. Toutefois, il est crucial de prévoir des programmes de reconversion et de formation pour accompagner cette transition.

2.4. Enjeux de la désinformation et de la manipulation

- **Modération proactive :**
  Les systèmes d'IA responsables intègrent des mécanismes avancés de filtrage et de modération pour limiter la propagation de la désinformation. Des techniques telles que le "Constitutional AI" et le renforcement par feedback humain permettent de contrôler la qualité des contenus générés.
- **Éducation aux médias :**
  Parallèlement à des outils technologiques performants, il est essentiel d'éduquer le public à la vérification des sources et à la compréhension critique des contenus diffusés par les systèmes d'IA. Cela renforcera la résilience de la société face aux manipulations.

---

3. Scénarios futurs et visions prospectives

3.1. Une IA intégrée dans tous les secteurs

- **Santé, éducation, finance, droit, environnement :**
  L'IA responsable pourrait transformer de nombreux secteurs en apportant des solutions sur mesure, adaptées aux exigences spécifiques de chaque domaine. Par exemple, dans la santé, elle pourrait aider à diagnostiquer précocement des maladies et à personnaliser les traitements, tandis que dans l'éducation, elle pourrait offrir un apprentissage personnalisé et interactif.
- **Interaction fluide et naturelle :**
  L'intégration d'IA dans la vie quotidienne permettra d'améliorer la qualité de vie, en offrant des assistants virtuels capables de comprendre le contexte, de mémoriser l'historique des interactions et de fournir des conseils précis et personnalisés.

3.2. Collaboration internationale pour un avenir commun

- **Standardisation globale :**
  La coopération internationale est indispensable pour élaborer des normes communes qui encadrent le développement de l'IA,

afin d'éviter une course aux armements technologiques et de garantir une utilisation équitable à l'échelle mondiale.
- **Recherche collaborative et innovation partagée :**
Des consortiums et des partenariats intersectoriels favoriseront la co-construction de solutions innovantes, en combinant les expertises techniques, éthiques et sociétales. Cela permettra d'aborder les défis de manière holistique et d'assurer que l'IA serve le bien commun.

3.3. Réflexions sur l'IA générale et les limites de la machine

- **Vers une intelligence augmentée :**
L'avenir pourrait voir l'émergence d'une IA qui n'est pas simplement autonome mais qui travaille en synergie avec l'humain, augmentant les capacités intellectuelles et créatives plutôt que de les remplacer.
- **Questions existentielles et philosophiques :**
La montée en puissance de l'IA soulève des questions fondamentales sur la nature de la conscience, la responsabilité morale des machines et la définition même de l'intelligence. Ces réflexions, loin d'être purement théoriques, guideront l'évolution des technologies pour qu'elles restent en phase avec les valeurs humaines.

4. Conclusion

L'anticipation des nouveaux enjeux dans le domaine de l'IA responsable représente un défi à la fois technique, éthique et sociétal. Pour que l'intelligence artificielle façonne positivement l'avenir, il est essentiel de :

- **Établir des cadres réglementaires flexibles** qui protègent les citoyens tout en encourageant l'innovation,

- **Développer des systèmes d'IA transparents et explicables,** capables d'intégrer des mécanismes de sécurité avancés et de réduire les biais,
- **Promouvoir une gouvernance collaborative,** impliquant tous les acteurs – gouvernements, entreprises, chercheurs et grand public – pour co-construire des normes éthiques universelles,
- **Soutenir l'inclusion et l'éducation,** afin que tous les citoyens puissent comprendre et bénéficier des avancées de l'IA,
- **Favoriser la recherche et l'innovation ouverte,** pour que l'IA devienne un outil d'augmentation des capacités humaines plutôt qu'une source d'inégalités ou de manipulations.

En adoptant cette approche multidimensionnelle, l'IA responsable peut véritablement transformer notre société en améliorant la qualité de vie, en stimulant l'innovation et en garantissant un développement technologique en harmonie avec les valeurs humaines. L'avenir de l'IA, façonné par des initiatives responsables, ouvre la voie à une société plus inclusive, équitable et résiliente face aux défis du XXI□ siècle.

Chiffres et statistiques

1. Données et volumes d'entraînement

- **Volume de données** :
  Les grands modèles de langage modernes, tels que GPT-3, ont
  été entraînés sur environ **45 téraoctets** de données textuelles
  brutes, après filtrage, ce qui représente des milliards de pages
  web, d'articles scientifiques, de livres et de contenus divers.
- **Tokens utilisés** :
  Par exemple, GPT-3 aurait été exposé à plus de **300 milliards
  de tokens** durant son pré-entraînement, tandis que les modèles
  de prochaine génération (comme GPT-4 ou Claude) visent des
  volumes encore supérieurs pour couvrir un spectre plus large de
  connaissances.

---

2. Paramètres des modèles

- **Taille des modèles** :
  - **GPT-3** compte environ **175 milliards de paramètres**.
  - **GPT-4** est supposé contenir un nombre encore plus important
    de paramètres, souvent estimé entre **500 milliards et 1 000
    milliards** (1 trillion), afin d'améliorer la compréhension du
    langage et la capacité de raisonnement.
  - Les modèles spécialisés développés par Anthropic, comme
    Claude, se situeraient dans une échelle similaire, voire
    légèrement différente selon l'optimisation et le focus sur la
    sécurité/alignement.

---

3. Performances et temps de réponse

- **Temps d'inférence** :
  Les avancées en optimisation (utilisation de GPU/TPU, calcul
  en demi-précision, parallélisme) permettent aujourd'hui

d'obtenir des temps de réponse de l'ordre de **quelques millisecondes à quelques secondes** pour générer une réponse, même pour des requêtes complexes dans un environnement commercial.

- **Amélioration des performances** :
  L'utilisation de techniques telles que FlashAttention et le modèle ZeRO permet de multiplier par 2 à 3 la vitesse d'entraînement par rapport aux méthodes traditionnelles, tout en réduisant significativement la consommation mémoire.

4. Impact économique et marché

- **Croissance du marché de l'IA** :
  Selon diverses études, le marché mondial de l'intelligence artificielle devrait atteindre **190 milliards de dollars** d'ici 2025, avec une croissance annuelle moyenne (CAGR) de plus de **40 %**.
- **Investissements en IA** :
  Les investissements dans les startups d'IA et dans la recherche universitaire dépassent aujourd'hui les **10 milliards de dollars par an** à l'échelle mondiale, indiquant l'ampleur et la dynamique de ce secteur en pleine expansion.

5. Adoption et usage dans les entreprises

- **Automatisation des tâches** :
  Dans plusieurs secteurs (finance, santé, service client), l'automatisation grâce à l'IA a permis de réduire les coûts opérationnels de **20 à 30 %** et d'augmenter la productivité de **15 à 25 %** en moyenne.
- **Intégration dans le service client** :
  En adoptant des chatbots basés sur des modèles de langage avancés, certaines entreprises ont constaté une réduction du temps d'attente pour le support client jusqu'à **50 %**, et une

augmentation de la satisfaction client de **10 à 20 points** sur des indices de satisfaction standardisés.

---

6. Impacts sociétaux et éthiques

- **Réduction des biais** :
  Des études montrent qu'une bonne gestion des biais dans les jeux de données peut réduire les disparités de traitement dans les systèmes d'IA de **30 à 50 %**, selon les domaines et les méthodes de filtrage appliquées.
- **Adoption par le grand public** :
  Selon certains sondages, plus de **60 %** des utilisateurs sont favorables à l'utilisation d'assistants virtuels dans leur vie quotidienne, à condition que la confidentialité et la sécurité des données soient garanties.

Ces chiffres et statistiques offrent une perspective sur l'ampleur des défis techniques et économiques, ainsi que sur l'impact potentiel de l'IA dans divers domaines. Ils permettent de comprendre pourquoi des acteurs comme Anthropic et des modèles tels que Claude se positionnent comme des pionniers dans une industrie en pleine évolution, visant à offrir non seulement des performances de pointe, mais aussi des solutions responsables et alignées sur des valeurs éthiques.

www.ingramcontent.com/pod-product-compliance
Lightning Source LLC
LaVergne TN
LVHW051321050326
832903LV00031B/3299